Wolfgang Buchberger, Robert Hummer

Wahlplakate im Politikunterricht

Ein praxisorientierter Baukasten für die Sekundarstufe

mit Illustrationen von Helmut „Dino“ Breneis

Bibliografische Information der Deutschen Nationalbibliothek

Die Deutsche Nationalbibliothek verzeichnet diese Publikation in der Deutschen Nationalbibliografie; detaillierte bibliografische Daten sind im Internet über http://dnb.d-nb.de abrufbar.

www.wochenschau-verlag.de

Titelgestaltung: Ohl Design
Gesamtherstellung: Wochenschau Verlag
Gedruckt auf chlorfrei gebleichtem Papier
ISBN 978-3-7344-1440-4
E-Book ISBN 978-3-7344-1441-1 (PDF)
DOI https://doi.org/10.46499/1811

INHALT

VORWORT

Trotz allen medialen Wandels und dadurch veränderter politischer Kommunikation ist das traditionelle Medium Wahlplakat nach wie vor bedeutsam. In Wahlkampfzeiten sind Wahlplakate aufgrund ihrer enormen Reichweite und kontinuierlichen Präsenz ein Garant für mediale Alltagsbegegnungen mit Politik, sowohl in ihrer analogen Form als auch verknüpft mit digitalen Kommunikationsformen.

Wenngleich Wahlentscheidungen in repräsentativ-parlamentarischen Demokratien zweifellos zentrale Momente darstellen, würde es dem demokratischen Versprechen kaum gerecht werden, Demokratie als reine Wahldemokratie engzuführen, in welcher Bürgerinnen und Bürger weitestgehend zur Passivität zwischen den Wahlterminen verurteilt sind. Mündigkeitsorientierte Politische Bildung, die auf eine aktive, jedenfalls interventionsfähige sowie reflektierte Bürgerrolle abzielt, kann sich nicht allein auf die Themen Wahlen und Wählen beschränken. Allerdings eignen sich Wahlplakate in ihrer verdichteten Bildsprache sehr gut, um die Entwicklung von Fähigkeiten und Fertigkeiten für einen reflektierten und reflexiven Umgang mit medial vermittelter Politik zu unterstützen. In der Folge können diese domänenspezifischen Kompetenzen, lebensweltlich bedeutsam, über den Unterricht hinaus im alltäglichen Umgang mit Politik angewandt werden.

Die Unterrichtsbeispiele in diesem Band zielen demnach auf mehr ab als auf eine fachunspezifische analytische Beschäftigung mit Wahlplakaten. Ihr Augenmerk liegt allen voran auch darauf, deren Funktionslogik auf den Grund zu gehen und dabei auf politische Momente zu fokussieren, um konzeptuelles Lernen zu grundlegenden Vorstellungen über Politik, insbesondere über politische Kommunikation, zu ermöglichen.

Zentral dafür in der methodischen Umsetzung ist die Erstellung eigener Wahlplakate mit vorgegebenen Elementen, die für diesen Band entwickelt wurden. Mit Verweisen auf die politikdidaktischen Grundlagen wird in drei Abschnitten durch (1) die Plakatanalyse, (2) die Erstellung eigener Plakate und (3) den Vergleich mit einem anderen Medium politischer Kommunikation – der Rede – geführt.

Dies ist der Ausrichtung der Geschichts- und Politikdidaktik am Standort Salzburg geschuldet, die neben theoretischen und empirischen Momenten ebenso auf unterrichtspragmatische Umsetzung zum Erwerb und zur Weiterentwicklung von Fähigkeiten und Fertigkeiten politischen Denkens und Handelns abzielt. Das österreichische Bundeszentrum für Gesellschaftliches Lernen an der Pädagogischen Hochschule Salzburg Stefan Zweig setzte hier in den vergangenen Jahren wiederholt unterrichtsmethodische Impulse. Zahlreiche Publikationen und nicht zuletzt eine Suchmaschine für kompetenzorientierte Unterrichtsbausteine für Geschichte und Politische Bildung auf der Homepage www.geschichtsdidaktik.com zeigen unter anderem Möglichkeiten der Auseinandersetzung mit visuellen politischen Manifestationen auf.

Bedanken möchten wir uns an dieser Stelle bei Helmut „Dino" Breneis, der die Illustrationen für diesen Band angefertigt hat. Für eine kritische Durchsicht des Textes und zahlreiche wichtige Anregungen ist Heinrich Ammerer, Jasmin Katzier, Elmar Mattle und Simon Mörwald zu danken.

Wolfgang Buchberger und Robert Hummer

Salzburg, im Juli 2022

1. DAS WAHLPLAKAT AUS POLITIK- UND KOMMUNIKATIONSWISSENSCHAFTLICHER SICHT

1.1 DAS WAHLPLAKAT IM DIGITALEN ZEITALTER – EIN ANACHRONISMUS?

Mit der Digitalisierung verändert sich die Art und Weise, wie Menschen miteinander kommunizieren, Gesellschaft wahrnehmen und an ihrer Gestaltung teilhaben. Der Medienwandel hat eine Veränderung von politischer Öffentlichkeit zur Folge, die sich zunehmend in verschiedene Teilöffentlichkeiten aufgliedert (Jarren/Klinger, 2017, S. 37–40), wo auf unterschiedliche Art und Weise über Politisches kommuniziert wird. Internetbasierte Social-Media-Plattformen wie Facebook, Instagram oder Twitter, durch deren Nutzung immer mehr Menschen aktiv wie passiv am Politischen partizipieren, sind ein wesentlicher Bestandteil dieser Entwicklung. Mit ihnen gehen neue Teilhabemöglichkeiten einher, wenngleich diese nicht automatisch zu einer Verbesserung der Demokratiequalität führen (Sander, 2017, S. 135). Außer Frage steht allerdings, dass das Politische im Allgemeinen und die politische Kommunikation im Besonderen dadurch eine grundlegende Veränderung erfahren (Donges/Jarren, 2017, S. 91–95).

Auf den ersten Blick scheint es nahezu anachronistisch, sich vor diesem Hintergrund mit einem Medium der politischen Kommunikation zu befassen, das traditioneller kaum sein könnte: Wahlplakate. Während sich in den digitalen Teilöffentlichkeiten der Social-Media-Plattformen konventionelle Konzepte von Autorschaft, Produktion und Rezeption zunehmend verflüssigen (Kohout/Ullrich, 2021, S. 8), stehen Wahlplakate im Zeichen der Funktionslogik traditioneller Medien (Hayek, 2016, S. 7). Analog zu Zeitungen oder Nachrichtensendungen sind bei Wahlplakaten die Sender- und Empfängerrollen klar getrennt. Auf der einen Seite stehen sendende Instanzen wie etwa Regierungen, Parteien oder NGOs, auf der anderen Seite die Bürger*innen, die auf eine weitgehend passive Rezipient*innen-Rolle beschränkt sind (Geise, 2011, S. 173). Als solche können sie die vermittelte Botschaft zwar subjektiv abwandeln oder auch ablehnen (Hall, 2004, S. 140), doch stößt ein aktives Adaptieren des Materials – wie es bei digitalen Bildformaten weit verbreitet ist – zumindest bei analogen Wahlplakaten an Grenzen. Zwar kommt es mittels analoger Graffiti oder digitaler Plakat-Generatoren immer wieder zu subversiven Abwandlungen, doch handelt es sich dabei eher um Nischenphänomene.

Warum also für politische Lehr-Lernprozesse ein Medium in den Blick nehmen, das den Anschein erweckt, im Hinblick auf die politische Kommunikation eine Welt von gestern zu repräsentieren? Wenn es das Ziel ist, politische Lernvorhaben an politischen „Realsituationen" (Massing, 2017, S. 158) bzw. „authentischen" Anforderungssituationen auszurichten (May, 2015, S. 50–54), dann spricht vieles dafür, Wahlplakaten auch weiterhin Aufmerksamkeit zu schenken. Zwar zeichnet sich ab, dass internetbasierte digitale Medien im Begriff sind, zum neuen politischen Leitmedium zu werden, jedoch sollte dieser Umstand nicht den Blick darauf verstellen, dass politische Diskurse sowohl digital als auch analog ausgetragen werden und traditionelle Medien immer noch relevant sind. Chadwick (2017, S. 69) weist in diesem Zusammenhang darauf hin, dass die Mediensysteme moderner Gesellschaften von Hybridität geprägt sind, die sich durch das Nebeneinander von älteren, neueren und erneuerten Medien charakterisiert. Nach dieser Leseart schließen sich analog und digital keineswegs aus, sondern sind zwei Seiten derselben Medaille, die miteinander interagieren und aufeinander reagieren. Auch wenn internetbasierte digitale Medien an Bedeutung gewonnen haben, sind analoge Kanäle für Begegnungen mit Politischem anhaltend bedeutsam (Arnold/Donges, 2020, S. 1428). An der ungebrochenen Relevanz des Mediums Wahlplakat lässt sich dies deutlich ablesen.

1.2 ROLLE UND FUNKTION VON WAHLPLAKATEN

Wahlplakate sind in hybriden Mediensystemen mitunter deshalb relevant, weil sie mit digitalen Kommunikationsformaten gut verknüpfbar sind. Ursprünglich für Social-Media-Aktivitäten herangezogene Fotos können zu Plakatmotiven werden, während Plakate über unterschiedliche Social-Media-Kanäle im Internet Verbreitung finden. Moderne Wahlkampagnen sind im Hinblick auf die verwendeten Medien stets vernetzte Kampagnen, bei denen digitale Tools wichtiger werden, traditionelle Formate wie Wahlplakate von ihnen aber nicht ersetzt werden, zumal Plakate in diesem Rahmen eine spezielle Funktion erfüllen: Sie „zeigen an, dass Wahlen vor der Tür stehen, und sie sind Mittel zur politischen Besetzung des öffentlichen Raumes" (Bernhardt/Liebhart, 2020, S. 63–64) – zumindest in Europa, wo die Möglichkeiten für politische Werbung im öffentlich-rechtlichen Fernsehen beschränkt sind und Plakate traditionell das bevorzugte Medium für breitenwirksame Kommunikation sind (Hayek, 2016, S. 34–35). Wie kaum ein anderes Medium fassen Plakate politische Kernbotschaften pointiert zusammen und machen sie für ein breites Publikum binnen weniger Sekunden rezipierbar (Kühberger, 2015, S. 140). Auch aus diesem Grund fungieren sie bei medial vernetzten

Wahlkampagnen als Ankerpunkte, sie bilden die „optische und inhaltliche Klammer" einer Wahlkampagne (Schüler, 2015, S. 22). Moderne Kampagnen bestehen – abhängig von den finanziellen Möglichkeiten einer Partei – aus mehreren Plakat-„Wellen", die einer politischen Erzählung folgen, stets mit eindringlichem Wahl-Appell als Schlusspunkt. Plakate sind der Kristallisationspunkt, an dem die kommunikative Essenz einer Kampagne in hochverdichteter Form zum Ausdruck kommt (Geise, 2011, S. 139).

Folgt man der grundlegenden politikwissenschaftlichen Unterscheidung zwischen Darstellungs- und Entscheidungspolitik (Sarcinelli, 2011, S. 119–135), so können Wahlplakate der Politikdarstellung zugerechnet werden, deren Funktionslogik auf Öffentlichkeitswirksamkeit abzielt. Nimmt man die drei wesentlichen Akteur*innen von politischer Kommunikation in den Blick (Donges/Jarren, 2017, S. 111–112), so zeigt sich, dass in erster Linie Akteur*innen der Interessenaggregation (z.B. Parteien) mit Wahlplakaten kommunizieren, wenngleich das Medium Plakat auch von Akteur*innen der Interessenartikulation (z.B. Bürger*innen-Initiativen) und der Politikdurchsetzung (z.B. Regierung) verwendet wird. Formal sind Wahlplakate wiederum der visuellen politischen Kommunikation zuzuordnen.

Nachdem moderne Wahlkämpfe gleichsam auf analoger wie digitaler Ebene ausgetragen werden, erfüllen Plakate unter den Rahmenbedingungen eines hybriden Mediensystems mit verschiedenartigen Teilöffentlichkeiten nach wie vor ihren ursprünglich zugedachten Zweck (Bernhardt/Liebhart, 2020, S. 62–63), nämlich größtmögliche öffentliche Aufmerksamkeit für eine wahlwerbende Partei oder Einzelperson und deren politische Positionierung zu erzeugen und dieser effektiv zum Wahlerfolg zu verhelfen. Wohl aus diesem Grund geben Parteien immer noch einen veritablen Anteil ihres Wahlkampfbudgets für Plakate aus (Langguth, 2015, S. 15). Auch wenn sich Wahlplakate nicht unmittelbar auf das individuelle Wahlverhalten auswirken (Hayek, 2016, S. 7), haben sie indirekt Einfluss darauf. Durch ihre anhaltende Präsenz im öffentlichen Raum werden sie von nahezu der gesamten Bevölkerung zumindest unbewusst wahrgenommen. Ihnen kann sich in Wahlkampfzeiten kaum jemand entziehen. Wahlplakate vermitteln „eine Form ‚öffentlicher Dominanz'. Wer viel gesehen wird, kann dadurch die positive Einstellung zur Partei erhöhen, so die Devise" (Grubich, 2019).

1.3 WAS EIN WAHLPLAKAT BEWIRKEN KANN

Nach klassischer Systematik der „Columbia-Schule", die von Lazarsfeld, Berelson und Gaudet auf Basis ihrer Erforschung des Wahlverhaltens bei US-Präsidentschaftswahlen der 1940er-Jahre entwickelt wurde (Schmitt-Beck, 2007, S. 229–233), kann Wahlkampfkommunikation bei Wähler*innen drei Effekte auslösen – entweder Verstärkung, Aktivierung oder Meinungsänderung (Geise, 2011, S. 140). Nachdem Plakate kaum dafür geeignet sind, potenzielle Wähler*innen unmittelbar zu einer Meinungsänderung zu bewegen (Bernhardt/Liebhart, 2020, S. 66), sind sie im Rahmen dieser Systematik primär als Aktivierungs- und Verstärkungsinstrumente bedeutsam. Einerseits dienen Plakate der Aktivierung, indem sie dazu beitragen, latente politische Neigungen zu aktivieren und in eine konkrete Wahlentscheidung zu überführen (Geise, 2011, S. 140). Andererseits gehen von ihnen auch verstärkende Effekte aus, indem mit ihrer Hilfe grobe Wahlpräferenzen abgestützt und vertieft werden können. Potenziell tragen Plakate in diesem Zusammenhang zur Identifikation bei (Langguth, 2015, S. 15), schützen vor Abwanderungsbewegungen (Geise, 2011, S. 140) und stärken die Motivation der Wahlkampfhelfer*innen (Hayek, 2016, S. 43).

Empirisch gesehen bleibt es trotz allem schwierig, die Wirkung von Wahlplakaten auf das individuelle Wahlverhalten exakt zu messen. Denn die „Tatsache, dass ein Werbemittel positiv auf den Wähler wirkt, bedeutet nämlich noch lange nicht, dass dieser eben dadurch seine Wahlentscheidung fällt oder ändert" (Langguth, 2015, S. 15). Allerdings können sehr wohl belastbare Aussagen über das grundlegende Wirkungspotenzial von Wahlplakaten getroffen werden. Geise konnte mit ihrer Studie zu Funktions- und Wirkungsweisen von Wahlplakaten nachweisen, dass die reine Wahrnehmung von Plakaten relativ unabhängig von individuellen Merkmalen wie Alter, Geschlecht, Bildungsgrad, politischem Interesse oder politischer Orientierung verläuft. Zudem konnte gezeigt werden, dass Wahlplakate probate Mittel sind, um politische Themen in den Köpfen der Menschen zu verankern und so Einfluss darauf zu nehmen, welche Kriterien bei der subjektiven Beurteilung wahlwerbender Parteien oder Einzelpersonen priorisiert werden („Priming-Effekt"). Liegt einer Plakatkampagne eine schlüssige Erzählung zugrunde und wird dabei eine hohe Kontaktintensität erreicht, ist die Wahrscheinlichkeit hoch, dass die kommunizierten Themen als wichtig erachtet werden, was wiederum Einfluss darauf hat, wie wahlwerbende Akteur*innen letztendlich wahrgenommen und beurteilt werden (Geise, 2011, S. 339–344).

1.4 DAS WAHLPLAKAT IM SPIEGEL DES „ICONIC TURN"

Wahlplakate stellen eine verdichtete Form visueller politischer Kommunikation dar, die ursprünglich aus einer Zeit stammt, in der Politik noch vorwiegend über das Medium Text vermittelt wurde. Mittlerweile stehen Kultur, Gesellschaft und Politik deutlich im Zeichen des Visuellen (Kohout/Ullrich, 2021, S. 7). Kommunikations- und Politikwissenschaft sprechen in diesem Zusammenhang von einem „iconic turn", einer gestiegenen „Macht der Bilder" bei gleichzeitigem „Ende der Dominanz des Sprachlichen" (Goll, 2013, S. 256). „Politische Kommunikation ohne Bilder ist nicht vorstellbar", stellen Bernhardt und Liebhart (2020, S. 9) treffend fest. Der Begriff der Bilder umfasst nach diesem Verständnis konkrete Abbilder wie abstrakte Denkbilder (Bernhardt, Liebhart/Pribersky, 2019, S. 46). Zu den Denkbildern ist beispielsweise das imaginierte „Image" von politischen Akteur*innen zu zählen, aber ebenso Vorstellungen von Staat, Gesellschaft und Politik. Die Bildsprache von Wahlplakaten integriert häufig beides: Sie vermitteln vordergründig konkrete Abbilder, die bei den Rezipient*innen gleichsam abstrakte Denkbilder befördern sollen.

Aus gutem Grund setzen Wahlplakate in aller Regel auf visuelle Kommunikation: Bildzentrierte Plakate werden im direkten Vergleich eher einem bestimmten Akteur zugeordnet als textzentrierte Plakate. Zudem weisen Bildplakate eine höhere Erinnerungsqualität auf (Geise, 2011, S. 342). In der Fachliteratur wird in diesem Kontext ein „Bildüberlegenheitseffekt" (Bernhardt/Liebhart, 2020, S. 20) attestiert. Dieser beruht nicht zuletzt darauf, dass die Verarbeitung von Bildern im Vergleich zu Texten mit einer deutlich geringeren kognitiven Anstrengung verbunden ist: Bilder werden früher, schneller und unmittelbarer wahrgenommen als Texte. Zudem geht mit ihnen ein höheres Aktivierungspotenzial einher, während ihre Wirkung eine stärker emotionale Komponente aufweist (Geise, 2011, S. 22). Des Weiteren suggerieren Bilder Authentizität, weshalb ihnen eine im Vergleich zu Texten höhere Glaubwürdigkeit zugeschrieben wird (Bernhardt/Liebhart, 2020, S. 19–20).

In Anbetracht der prinzipiellen „Gemachtheit" von Wahlplakaten (Buchberger, Eigler/Kühberger, 2020, S. 58) unterliegen ihr Inhalt und ihre Ästhetik stets einer bestimmten Intentionalität. Die dabei herangezogenen Bilder haben keineswegs nur illustrativen Charakter. Mit ihnen gilt es, Kandidat*innen bestmöglich in Szene zu setzen. Gleichwohl vermitteln sie Wertorientierungen und Gesellschaftsvorstellungen, unterstreichen die Bedeutung einzelner Politikfelder oder legen Nähe zu bestimmten Personengruppen oder Milieus nahe. So macht es einen Unterschied, ob eine Kandidatin oder ein Kandidat auf einem Wahlplakat von Naturlandschaften oder einer großstädtischen Szenerie umgeben ist. Bildbotschaften aktivieren das historische und kulturelle Wissen und werden als implizite politische Argumente wirksam. Außerdem kann die Bildsprache von politischen Plakaten im Zeichen des gezielten Auslotens und Verschiebens von Diskursgrenzen stehen (Diehl, 2016, S. 12). Speziell in der Kommunikation rechtspopulistischer Parteien lassen sich Strategien der gruppenbezogenen Abwertung immer wieder beobachten (Liebhart, 2015, S. 98–99) – auch auf Wahlplakaten (Marquart, 2013, S. 365–367).

Im Hinblick auf den Bedeutungszuwachs des Visuellen im Bereich der politischen Kommunikation sprach Hofmann (2004, S. 309) schon vor knapp zwei Jahrzehnten „von einem Wandel von einer eher logozentrischen zu einer eher ikonozentrischen politischen Kultur" und verwies darauf, dass in der wissenschaftlichen Debatte der 1990er-Jahre bereits von einem „iconic turn" die Rede war. Gleichsam geht damit keineswegs ein Verschwinden des Sprachlichen einher. Bilder treten auch in einer zunehmend ikonozentrischen politischen Kultur nur selten isoliert auf, sondern in aller Regel in Kombination mit Text, Sprache oder Ton (Liebhart, 2015, S. 89). Aus diesem Grund erschließt sich auch die Bedeutung einer visuell geprägten politischen Manifestation nicht aus dem Bild selbst, sondern aus dem komplexen Zusammenspiel von Bildmotiv, Bildtext und dem jeweiligen Kontext (Bernhardt/Liebhart, 2020, S. 25). Das trifft insbesondere auch auf Wahlplakate zu (Langguth, 2015, S. 12–14). Um diese medienkritisch erschließen zu können, ist es deshalb erforderlich, die unterschiedlichen Modalitätsebenen und deren Zusammenwirken in den Blick zu nehmen (Kühberger/Windischbauer, 2013, S. 126–129).

Ein Trend, der sich im Medium Wahlplakat schon früh widerspiegelte, ist die Zuspitzung von politischer Kommunikation auf einzelne Persönlichkeiten (Langguth, 2015, S. 10), die in der Fachdebatte mit dem Schlagwort Personalisierung erfasst wird (Donges/Jarren, 2017, S. 127). In jüngerer Vergangenheit ist in der medialen Politikdarstellung eine verstärkte Verknüpfung von Personalisierung mit Privatisierung feststellbar. Unter dem Einfluss der Funktionslogik digitaler Social-Media-Plattformen stellt sich speziell das politische Spitzenpersonal zusehends als nahbarer „ganzer Mensch" dar. Neben der Berufsrolle ist die Inszenierung des Privaten ein wichtiger Bestandteil personenbezogener Darstellungspolitik geworden (Dörner, 2015, S. 25–28). Dies lässt sich auf Wahlplakaten gut beobachten. Die Inszenierung des Privaten dient auch hier dem Zweck, Authentizitätseffekte zu erzeugen. Plakatmotive mit scheinbar zufällig entstandenen Momentaufnahmen von unbeobachteten Kandidat*innen beim sorglosen Spiel mit Kindern oder im lockereren Gespräch mit

Bürger*innen spiegeln diese Strategie treffend wider (Bernhardt/Liebhart, 2020, S. 58–62).

1.5 TYPOLOGISCHE EINORDNUNG

Im Hinblick auf die Gestaltung von Wahlplakaten ist feststellbar, dass diese – trotz der Individualität jedes Motivs – bestimmten Schemata folgt. Konkret lassen sich drei Gestaltungstypen beobachten: reine Schriftplakate, reine Bildplakate sowie Schrift-Bild-Plakate. Im politischen Raum dominieren neben Schriftplakaten (die zur inhaltlichen Profilierung eingesetzt werden) vor allem Schrift-Bild-Plakate (Geise, 2011, S. 174–175). Letztere können grob in Kandidat*innen- und Motivplakate unterteilt werden (Geise/Kamps, 2015, S. 347). Kandidat*innen-Plakate arbeiten zumeist mit visuellen Porträts. Dem Bildmotiv kommt dabei die Funktion zu, die Persönlichkeit der Kandidatin oder des Kandidaten in Szene zu setzen und bestimmte Eigenschaften zu betonen, Sympathie zu erwecken sowie Vertrauenswürdigkeit und Kompetenz zu vermitteln (siehe Abb. 1).

Eine andere Form des Typs Kandidat*innen-Plakat arbeitet mit Bildern von Kandidat*innen in Handlungs- und Interaktionskontexten (siehe Abb. 2). Häufig wird dadurch ein Naheverhältnis zu bestimmten Berufsgruppen oder Lebensstilen suggeriert. Eine Gesprächssituation z. B. mit Jugendlichen vermittelt eine andere Botschaft als etwa eine Zusammenkunft mit Senior*innen. Der Text auf Schrift-Bild-Plakaten hat die Aufgabe, mittels einzelner Schlagworte oder pointierter Slogans zentrale politische Botschaften wirkungsvoll an die Wähler*innen zu übermitteln (Geise, 2011, S. 174). Aufgrund der knappen Rezeptionszeit von Plakaten müssen dabei komplexe Sachverhalte reduziert dargestellt und auf Schlüsselbegriffe verdichtet werden (Langguth, 2015, S. 13).

Davon zu unterscheiden sind Motivplakate, die entweder als Sachplakate oder als Story-Telling-Plakate einzuordnen sind. Bei Sachplakaten (Abb. 4) steht die Darstellung von Personen, Tieren oder Objekten im Fokus. Ein Plakat, das beispielsweise einen Eisbären zeigt, um auf das politische Thema Klimaschutz assoziativ aufmerksam zu machen, fällt in diese Kategorie (Bernhardt/Liebhart, 2020, S. 64–65). Story-Telling-Plakate (Abb. 3) zielen darauf ab, eine übergeordnete Wahlkampferzählung auf einen bestimmten Erzählmoment zu verdichten (Geise/Kamps, 2015, S. 347). Politisches Story-Telling fokussiert häufig auf die Biografie der im Zentrum der Kampagne stehenden Persönlichkeit, aus der eine bestimmte Programmatik abgeleitet wird – z. B. die Geschichte vom einstigen Anwalt und Sozialarbeiter Barack Obama, der als Politiker für soziale Gerechtigkeit kämpft. Bilder, die diese Geschichte kommunizieren, sind Teil des Story-Tellings.

Abb. 1: Kandidat*innen-Plakat (FPÖ, 2019)

Abb. 2: Kandidat*innen-Plakat (SPÖ, 2019)

Abb. 3: Story-Telling-Plakat (ÖVP, 2019)

Abb. 4: Sachplakat (Grüne, 2019)

(Abb. 1–4: https://comrecon.com/nationalratswahl-2019-die-versteckten-botschaften-der-wahlplakate/)

1.6 ZWISCHENFAZIT

Als optische wie inhaltliche Klammern von Kampagnen zählen Wahlplakate zu den zentralen Instrumenten politischer Kommunikation. Sie bringen die Botschaften einer Kampagne in verdichteter Form zum Ausdruck und werden aufgrund ihrer enormen Reichweite und kontinuierlichen Präsenz von nahezu der gesamten Bevölkerung zumindest unbewusst wahrgenommen. Die Bedeutung von Wahlplakaten ist auch im Zeitalter der Digitalisierung ungebrochen. In den hybriden Mediensystemen der Gegenwart sind Wahlkampagnen medial vernetzte Kampagnen, bei denen digitale und analoge Tools gleichsam relevant sind und aufeinander bezogen werden. Einerseits integrieren Wahlplakate zunehmend die Ästhetik und Funktionslogik der Sozialen Medien, andererseits werden digitale Kanäle dafür genutzt, um die öffentliche Präsenz von Plakaten zu erweitern. Wenngleich sich Wahlplakate nicht unmittelbar auf Wahlentscheidungen auswirken, erfüllen sie eine wichtige Aktivierungs- und Verstärkungsfunktion. Dabei ist feststellbar, dass erfolgreiche Plakatkampagnen darauf Einfluss nehmen, welche politische Themen von Wähler*innen subjektiv als wichtig erachtet und für die Urteilsbildung herangezogen werden.

Bilder treten auf Wahlplakaten nur selten in isolierter Form auf (reine Bildplakate), sondern in aller Regel im Zusammenspiel mit Textelementen (Schrift-Bild-Plakate). Deren Bedeutung erschließt sich nicht aus dem Bild selbst, sondern aus dem komplexen Zusammenwirken von Bild, Text und Kontext. Diese Multimodalität ist für die moderne politische Kommunikation charakteristisch und spiegelt sich auch in Kommunikationsformaten wie etwa Facebook- oder Instagram-Posts wider. Damit es schulischer Politischer Bildung gelingt, junge Menschen in die Lage zu versetzen, angemessen und kompetent an politischen Öffentlichkeiten teilnehmen zu können (Kühberger, 2015, S. 129), müssen mediale Vermittlungsinstanzen wie Wahlplakate, wo Lernende Politischem begegnen, verstärkt in den Blick genommen werden – durchaus im Bewusstsein, dass medial geprägte Alltagsbegegnungen mit Politik in der Regel nur die Oberflächenzone des Politischen berühren, gleichwohl aber Ausgangspunkte für ein Vordringen in tiefere Schichten sein können (Autorengruppe Fachdidaktik, 2017, S. 112–114). Für dieses Unterfangen gilt es, „nach Möglichkeiten [zu] suchen, Medien didaktisch reflektiert in Unterrichtsarrangements zu integrieren" (Besand, 2014a, S. 105). Die folgenden Überlegungen stehen im Zeichen einer solchen Suche.

2. POLITISCHES LERNEN MIT WAHLPLAKATEN

2.1 POLITISCHES LERNEN

Für das Funktionieren, die Stabilität und Entwicklung unserer demokratisch verfassten, pluralistischen Gesellschaft braucht es mündige Individuen, die dazu fähig sind, im Sinne einer „kritischen Loyalität zur Demokratie" (Henkenborg, 2012, S. 36; May, 2016, S. 240) daran teilzuhaben und das „demokratische System kritisch zu begleiten und mitzugestalten" (Achour, Frech, Massing/Straßner, 2020a, S. 9). Wahlentscheidungen stellen in repräsentativ-parlamentarischen Demokratien zweifellos zentrale Momente politischer Teilhabe dar, jedoch soll an dieser Stelle vor dem Hintergrund der inhaltlichen Ausrichtung dieser Publikation klargestellt werden, dass mündigkeitsorientierte Politische Bildung deutlich darüber hinausgeht, wahlberechtigte Staatsbürger*innen zum Wählen zu befähigen bzw. zu motivieren (Hellmuth, 2012, S. 12). Ziel sollte es vielmehr sein, sich im Rahmen des Politikunterrichts mit unterschiedlichen Formen politischer Partizipation – eben auch Wahlen – analytisch wie reflexiv auseinanderzusetzen (Breit, 2012, S. 252) und Lernende auf dieser Grundlage in die Lage zu versetzen, von ihren politischen Rechten selbstbestimmt Gebrauch zu machen.

Maßgeblich für eine derart verstandene politische Mündigkeitsentwicklung ist die Ausbildung von Befähigungen zum eigenen kompetenten Urteilen und Handeln, damit demokratische politische Kultur mit Leben gefüllt werden kann, indem von aktiven, jedenfalls interventionsfähigen und reflektierten Bürger*innen (Reinhardt, 2018, S. 17) „politische Verantwortung als Teil des Souveräns" (Sander, 2013, S. 44) wahrgenommen werden kann. Dies kann als wesentlicher „Beitrag der politischen Bildung zur Sicherung und Weiterentwicklung der Demokratie" (Sander, 2013, S. 44) bezeichnet werden. Die geforderte Fähigkeit und Bereitschaft zur Übernahme von politischer Verantwortung lässt sich sowohl aus politikdidaktischer als auch demokratietheoretischer Sicht aber nur schwer auf die reine Teilnahme an Urnengängen reduzieren. Wenngleich der reflektierte Zuschauer bzw. die reflektierte Zuschauerin zweifelsohne eine legitime Bürgerrolle in der Demokratie darstellt (Detjen, 2011, S. 132–135), muss Politische Bildung, die Demokratie nicht auf eine minimalistische Wahl- bzw. Elitendemokratie engführen will (Grössenberger/Pausch, 2018, S. 125), ihren Blick auf die Vielfalt an möglichen Bürger*innenrollen öffnen (Sander, 2013, S. 49) und dahingehend entsprechende Möglichkeiten bieten, um politisches Selbstdenken und Selbsthandeln in einem weiter gefassten Sinne erlernen zu können (Henkenborg, 2012, S. 36–37).

Eine auf politische Mündigkeit abzielende Politische Bildung fokussiert die Entwicklung von politischen Urteils-, Handlungs- und Kritikfähigkeiten von Lernenden (Autorengruppe Fachdidaktik, 2017, S. 7; Sander, 2014, S. 119), um auf diese Weise die wesentlichen Grundlagen für politische Partizipation und Teilhabe zu schaffen (Greco/Lange, 2017, S. 9). Darüber gibt es einen breiten Konsens in der deutschsprachigen Politikdidaktik (Sander, 2014, S. 119). Um politische Mündigkeit zu entwickeln, „als Fähigkeit, politisch verantwortlich über sich selbst zu bestimmen und Verantwortung für das Gemeinwesen zu übernehmen" (Henkenborg, 2012, S. 36), müssen notwendigerweise jene Bereiche, auf die domänenspezifischer Unterricht abzielt, in den Mittelpunkt gestellt werden, nämlich die Fähigkeiten, politisch zu denken und zu handeln (Kühberger, 2015, S. 128), sich also im Feld des Politischen selbstständig, kompetent und ohne Anleitung anderer bewegen und dadurch politisch teilhaben zu können. Das bedeutet unter anderem, eigene Interessen zu erkennen und zu wahren, den politischen Konflikt und seine Bewältigung zu suchen, fremde und eigene Meinungen und Urteile auf ihre Begründung hin zu untersuchen, Politik, wie sie uns im Alltag begegnet, zu hinterfragen, eigene Meinungen erfolgreich zu vertreten, diese auch zu überdenken und gegebenenfalls zu ändern und als Wähler*in Verantwortung zu übernehmen (Buchberger, 2019a, S. 29).

Die dafür relevanten fachspezifischen Fähigkeiten, die in unterschiedlichen, immer neuen Situationen angewandt, also transferiert werden können, finden sich in den verschiedenen Kompetenzmodellen als prozedurale Kompetenzbereiche der Politischen Urteils-, Handlungs- und Methodenkompetenz und als Bereich der Politischen Sachkompetenz (Krammer, Kühberger/Windischbauer, 2008; vgl. auch Abb. 5) bzw. des konzeptuellen Deutungswissens (GPJE, 2004). Politisches Fachwissen, im Sinne eines auf Staats- oder Institutionenkunde abzielenden deklarativen Wissens, hat somit den Stellenwert als alleiniger Maßstab für den Grad der erlangten Politikbildung verloren, denn das angestrebte Ideal der politischen Mündigkeit kann nicht über Auswendiglernen und Reproduktion erreicht werden – wenngleich politisches Wissen über z. B. Abläufe, Funktionsweisen und Institutionen des demokratischen Staates als Hintergrund- und Kontextwissen für die Anwendung von politischen Kompetenzen in der Auseinandersetzung mit sich auf konkrete politische Situationen und Prozesse beziehenden Fallbeispielen unabdingbar ist bzw. diese erst ermöglicht (Ammerer, Krammer, Kühberger/Windischbauer, 2009, S. 6). Dadurch gewinnt deklaratives Politikwissen an lebensweltlicher Bedeutsamkeit und kann in seiner angewandten Form im Rahmen der Entwicklung fachspezifischer Fähigkeiten des politischen Denkens und Handelns sowohl quantitativ als auch qualitativ verbessert werden, wohingegen „nicht notwendigerweise [...] ein schlichtes Mehr an Wissen über Politik auch zu besserer politischer Urteils- und Handlungsfähigkeit" (Sander, 2013, S. 96) führt.

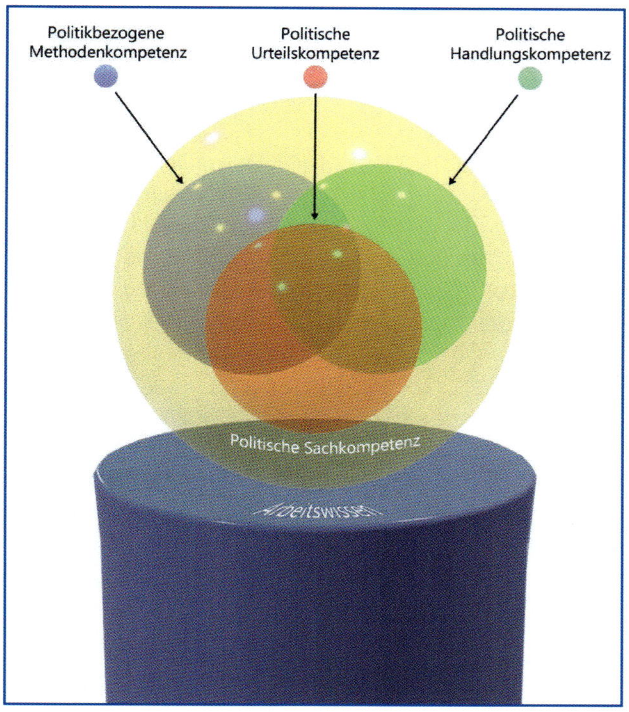

Abb. 5: Interagierende Bereiche des österreichischen Kompetenzmodells für Politische Bildung inklusive Schnittmengen (eigene, adaptierte Darstellung nach Krammer et al., 2008)[1]

Im Rahmen Politischer Bildung wird daher nicht einfach die Vermittlung neuen, zusätzlichen Wissens angestrebt, sondern darauf geachtet, inwiefern es zum einen die Anbahnung nachhaltiger Kompetenzen der Politischen Bildung ermöglichen kann und zum anderen inwiefern damit Vorstellungen über Politik als „Denkvoraussetzungen" entwickelt werden können: „Wesentlich für den Erfolg politischer Bildung ist, dass das vermittelte Wissen geeignet ist, die Grundvorstellungen zu verbessern, mit denen sich Schülerinnen und Schüler Politik erklären. ‚Verbessern' kann hierbei zum Beispiel ‚erweitern', ‚differenzieren', ‚komplexer gestalten', aber auch ‚verändern' heißen" (Sander, 2009a, S. 14; vgl. auch Lange, 2007, S. 210–212; Reinhardt, 2018, S. 53–54). Im Bereich der grundlegenden Wissensstrukturen wird somit in der im österreichischen Modell verankerten Politischen Sachkompetenz zwischen dem konstruktiven und kritischen Umgang mit Begriffen des Politischen einerseits und der Entwicklung von konzeptuellem Wissen in Hinsicht auf politische Basiskonzepte unterschieden. Bei Ersterem stehen Fähigkeiten im Mittelpunkt, Fachterminologien in Abgrenzung zur Alltagssprache, im Bewusstsein ihrer kulturellen und historischen Prägung, zu nutzen und zu erweitern (z.B. „Parlament" oder „Partei") und darüber hinaus die „in ihnen ruhenden Konzepte des Politischen zu verstehen, über sie zu verfügen sowie sie kritisch weiter[zu]entwickeln" (Kühberger, 2015, S. 130). Als Konzepte sind im Rahmen politischen Lernens Vorstellungen darüber zu verstehen, wie sich verschiedene Bereiche des Politischen ordnen bzw. wie sie funktionieren. In der Beschäftigung mit Wahlplakaten sind das z. B. die Konzepte „repräsentative Demokratie", „Wählen" oder „politische Werbung". Konzeptuelles Wissen meint also nicht fixierte Definitionen, wie man sie etwa in einem Lexikon vorfindet, sondern ein gedankliches Gebilde, das im Zusammenhang mit Fallbeispielen immer wieder neu durchdacht werden muss und dabei Veränderungen erfährt (Buchberger et al., 2020, S. 14). Erst durch differenziertes konzeptuelles Wissen werden fachlich angemessene Analysen konkreter Fallbeispiele im Politikunterricht ermöglicht (Kühberger, 2015, S. 130).

Zentrale fachliche Konzepte, die den „fachlichen Kern des Wissens" im Politikunterricht ausmachen (Sander, 2013, S. 98) und deren Verständnis als „Angelpunkte der zentralen Einsichten" (Kühberger, 2015, S. 101) verstanden werden können, lassen sich als Basiskonzepte bezeichnen. Sie können in unterschiedlichsten Fallbeispielen zur Erschließung

[1] „Arbeitswissen" meint das je erforderliche anlassbezogene Wissen instrumentellen Charakters, das die Voraussetzung für die Anbahnung von fachspezifischen Fähigkeiten darstellt, aber nicht unbedingt zum überdauernden und länger verfügbaren Wissensbestand gehört (Krammer et al., 2008, S. 3 u. 5; Ammerer et al., 2009, S. 11 f.; Kühberger, 2015, S. 90 f. u. 129 f.). In der vorliegenden Publikation wird die im österreichischen Modell verankerte Politische Sachkompetenz ähnlich verstanden wie das konzeptuelle Deutungswissen im GPJE-Modell. Das heißt, dass dabei zwar von einem separaten Kompetenzbereich gesprochen wird, der jedoch in vielfältigen Bereichen grundlegend mit den prozeduralen Kompetenzbereichen verzahnt ist. Gleich wie im deutschen Modell, in dem die Anbahnung von Politischer Urteilsfähigkeit ohne konzeptuelles Deutungswissen nicht möglich ist, ist auch im österreichischen Modell die Anbahnung von Politischen Urteilskompetenzen ohne diesen zugrundeliegenden bzw. zu diesen querliegenden Politischen Sachkompetenzen nicht denkbar. Zudem gilt es zu bedenken, dass die Anwendung von prozeduralen Kompetenzen maßgeblich von der Elaboriertheit der Sachkompetenzen abhängt, zugleich allerdings die Entwicklung von prozeduralen Kompetenzen stets auch die Entwicklung von Sachkompetenzen mit sich zieht. Zu den Schnittmengen und Unterschiedlichkeiten der Kompetenzmodelle vgl. Sander, 2009b.

des Politischen immer wieder zum Einsatz gebracht werden, sie formen die „Wahrnehmung, Deutung und Beurteilung alltäglicher Politik" (Sander, 2013, S. 99) vor und können weiterentwickelt werden. Im Zusammenhang mit Wahlplakaten können hier etwa die erkenntnistheoretischen Basiskonzepte „Perspektive" und „Konstruktivität" angeführt werden oder aber die gesellschaftlichen Basiskonzepte „Macht", „Handlungsspielräume" und „Kommunikation" (Kühberger, 2016, S. 25). Der Entwicklung konzeptuellen Wissens in Hinsicht auf politische Basiskonzepte gilt es große Aufmerksamkeit zu widmen, denn zu diesen komplexen Vorstellungsbereichen gibt „es jeweils eine große Vielzahl fachlich-wissenschaftlich vertretbarer, durchaus kontroverser Verständnismöglichkeiten, aber auch aus fachlicher Sicht problematische, mit dem Erkenntnisstand der Sozialwissenschaften nicht vereinbare Verständnisse" (Sander, 2009a, S. 14). Schüler*innen bringen bereits zu den unterschiedlichsten Bereichen des Politischen ihre je individuellen Vorstellungen mit, die sie zum Denken und Verstehen der Welt naturgemäß heranziehen. Diese Vorstellungen zu (Basis-)Konzepten gilt es aufzugreifen und damit wissenschaftsorientiert weiterzuverarbeiten, da nicht in jedem Fall davon ausgegangen werden kann, dass die bei den Lernenden angelegten konzeptuellen Vorstellungen fachlich tragfähig sind (Buchberger et al., 2020, S. 14). Der Prozess der „Verbesserung der Qualität der Konzepte ist auch dadurch gekennzeichnet, dass er mit einer Zunahme an Wissen einhergeht" (Ammerer et al., 2009, S. 6).

Rücken die subjektiven fachlichen Vorstellungsmodi der Lernenden ins Zentrum von Lehr-Lernprozessen, sind Lehrpersonen gut beraten, ihren Blick auf existierende Verstehensprobleme zu richten. Von Bedeutung sind aus Perspektive der Jugend- und Unterrichtsforschung unter Lernenden häufig anzutreffende Politik-„Illusionen", von denen im Kontext des politischen Lernens mit Wahlplakaten allen voran die „Homogenitätsillusion" (Petrik, 2013, S. 225–227; Reinhardt, 2018, S. 49) Aufmerksamkeit verdient. Diese imaginiert eine homogene Interessenslage der Wahlbevölkerung und klammert die gegebene Vielfalt an partikularen Interessenslagen und Wertorientierungen aus. Wird ein derartig problematisches Verständnis als Filter für die Wahrnehmung und Deutung von Wahlkämpfen herangezogen, muss sich die dort verdichtete „Logik des Gegeneinander" (Detjen, 2020, S. 33) notgedrungen als Funktionsstörung darstellen, was enttäuschte Erwartungen und ein frustriertes Abwenden von der Politik zur Folge haben kann (Petrik, 2010, S. 246–247). Ein weiteres Problem stellt die Vorstellung dar, dass sich politische Standpunkte als vermeintlich naturhafte Tatsachen kaum verändern lassen würden („Naturhaftigkeitsillusion") – ein Eindruck, der sich durch die unreflektierte Rezeption von Wahlplakaten durchaus erhärten kann. Das ist der Fall, wenn Plakate ein enggeführtes Bild von Politik bzw. Demokratie sowie ein genauso enggeführtes Verständnis von politischen Urteilen suggerieren, um Wähler*innen auf einer affektiven Ebene dazu zu bewegen, politische Meinungen und Urteile zu übernehmen. Diesen Problemlagen gilt es, im Sinne eines subjektnahen politischen Lernens mit der erforderlichen Offenheit entgegenzutreten, damit Lernende die Chance erhalten, ihre subjektiven Vorstellungsmodi hin zu fachlich tragfähigen Konzepten weiterzuentwickeln (Reinhardt, 2018, S. 53–54).

Kommt man wieder zurück zu den eingangs geschilderten Kernaufgaben der Politischen Bildung – Förderung der Entwicklung von politischer Urteils- und Handlungsfähigkeit (Sander, 2014, S. 119) –, so kann man feststellen, dass sich diese in den für politisches Lernen maßgeblichen Prinzipien des Beutelsbacher Konsens widerspiegeln (Wehling, 1977, S. 179 f.): Politische Bildung darf nicht überwältigen, muss kontrovers und multiperspektivisch sein und soll die Partizipationsbefähigung der Lernenden in den Mittelpunkt rücken (siehe Abb. 6). Während das erste und zweite Prinzip, das Überwältigungsverbot und das Kontroversitätsgebot, auf die politische Urteilsfähigkeit abzielen, geht es im dritten Grundsatz vor allem darum, „dass das politische Urteil bei den jungen Menschen auch zum politischen Handeln führen sollte" (Schiele, 2017, S. 42).

Grundprinzipien Politischer Bildung nach dem Beutelsbacher Konsens

(Wehling, 1977, S. 179 f.)

1. Überwältigungsverbot. Es ist nicht erlaubt, den Schüler – mit welchen Mitteln auch immer – im Sinne erwünschter Meinungen zu überrumpeln und damit an der „Gewinnung eines selbstständigen Urteils" zu hindern. Hier genau verläuft nämlich die Grenze zwischen Politischer Bildung und Indoktrination. Indoktrination aber ist unvereinbar mit der Rolle des Lehrers in einer demokratischen Gesellschaft und der – rundum akzeptierten – Zielvorstellung von der Mündigkeit des Schülers.

2. Was in Wissenschaft und Politik kontrovers ist, muss auch im Unterricht kontrovers erscheinen. Diese Forderung ist mit der vorgenannten aufs engste verknüpft, denn wenn unterschiedliche Standpunkte unter den Tisch fallen, Optionen unterschlagen werden, Alternativen unerörtert bleiben, ist der Weg zur Indoktrination beschritten. Zu fragen ist, ob der Lehrer nicht sogar eine Korrekturfunktion haben sollte, d.h. ob er nicht solche Standpunkte und Alternativen besonders herausarbeiten muss, die den Schülern (und anderen Teilnehmern politischer Bildungsveranstaltungen) von ihrer jeweiligen politischen und sozialen Herkunft her fremd sind.

   Bei der Konstatierung dieses zweiten Grundprinzips wird deutlich, warum der persönliche Standpunkt des Lehrers, seine wissenschaftstheoretische Herkunft und seine politische Meinung verhältnismäßig uninteressant werden. Um ein bereits genanntes Beispiel erneut aufzugreifen: Sein Demokratieverständnis stellt kein Problem dar, denn auch dem entgegenstehende andere Ansichten kommen ja zum Zuge.

3. Der Schüler muss in die Lage versetzt werden, eine politische Situation und seine eigene Interessenlage zu analysieren, sowie nach Mitteln und Wegen zu suchen, die vorgefundene politische Lage im Sinne seiner Interessen zu beeinflussen. Eine solche Zielsetzung schließt in sehr starkem Maße die Betonung operationaler Fähigkeiten ein, was aber eine logische Konsequenz aus den beiden vorgenannten Prinzipien ist. Der in diesem Zusammenhang gelegentlich – etwa gegen Hermann Giesecke und Rolf Schmiederer – erhobene Vorwurf einer „Rückkehr zur Formalität", um die eigenen Inhalte nicht korrigieren zu müssen, trifft insofern nicht, als es hier nicht um die Suche nach einem Maximal-, sondern nach einem Minimalkonsens geht.

Abb. 6: Handlungsmaximen für die Politische Bildung

Die Prinzipien aus Beutelsbach haben somit Auswirkungen auf die Auswahl der zu bearbeitenden Materialien sowie auf Zielsetzungen und Methoden des Politikunterrichts. Vor diesem Hintergrund gilt auch für die Beschäftigung mit Wahlplakaten, dass es nicht erlaubt ist, Schüler*innen „- mit welchen Mitteln auch immer – im Sinne erwünschter Meinungen zu überrumpeln und damit an der ‚Gewinnung eines selbstständigen Urteils' zu hindern" (Wehling, 1977, S. 179), also Schüler*innen von vermeintlichen Stärken oder Schwächen einer wahlwerbenden Partei zu überzeugen und damit zu überwältigen. Vielmehr steht im Vordergrund die Entwicklung von methodischen Fähigkeiten zur systematischen Analyse von Wahlplakaten sowie von Fähigkeiten zum eigenständigen politischen Urteil. Wenngleich dem Beutelsbacher Kontroversitätsgebot auch im Kontext von Wahlplakaten Grenzen gesetzt sind, können diese Grenzen bei Bedarf weit gefasst werden (Schiele, 2017, S. 46). Entscheidend ist in diesem Fall allerdings, den Problemgehalt jener Plakate, die im Spannungsfeld zu demokratischen Grundwerten stehen, nicht zu ignorieren, sondern sorgfältig wie differenziert in den Blick zu nehmen. Konkret bietet es sich etwa an, derartige Positionen hinsichtlich ihrer Vereinbarkeit mit den Grund- und Menschenrechten kritisch zu prüfen. Keinesfalls sollten sie – im Sinne eines falsch verstandenen Pluralismus – gleichwertig neben unbedenklichen Positionen stehen bleiben, ohne bei den Lernenden eine Reflexion über ihren problematischen Gehalt anzuleiten (z.B. Autorengruppe Fachdidaktik, 2017, S. 29; Besand, 2020, S. 8; Hummer, 2021, S. 64–67; Oberle, 2016, S. 255; Sander, 2013, S. 55).

Die vorliegende Publikation zielt entsprechend der in diesem Abschnitt formulierten Grundsätze Politischer Bildung auf die Anbahnung von domänenspezifischen Fähigkeiten, Fertigkeiten und Bereitschaften zur Analyse und Reflexion von Wahlplakaten ab, wie auf den folgenden Seiten näher ausgeführt wird.

2.2 WAHLPLAKATE IM POLITIKUNTERRICHT

Von der nach wie vor großen Bedeutung des Mediums Wahlplakat war bereits im ersten Kapitel die Rede. Auch wenn sich politische Kommunikation in der Lebenswelt der Jugendlichen zunehmend ins Internet verlagert, handelt es sich bei Wahlplakaten bis heute um „ein elementares Medium des politischen Wettbewerbs in einer repräsentativen Demokratie" (Mosch, 2010, S. 362), das in Wahlkampfzeiten auf unterschiedlichen politischen Ebenen in seiner analogen Form eine große Öffentlichkeit erzeugt, abgesehen davon, dass in hybriden Mediensystemen Plakatsujets in digitaler Form über Social-Media-Kanäle im Internet verbreitet werden.

Eine Begegnung mit Politik im Alltag bedeutet vor allem auch, medial präsentierte und inszenierte Politik als solche wahrzunehmen (Sander, 2013, S. 89f.) – in Wahlkampfzeiten, aber nicht nur, sind das auch Wahlplakate. Eine Voraussetzung für ein tiefergehendes Verständnis von Politik und für die Möglichkeit der Orientierung in einem solchen Angebot an alltäglichen politischen Manifestationen ist es, unter die Oberfläche blicken zu können und Funktions- und Wirkungsweisen mediatisierter Politik zu erfassen. „Politische Beteiligung ist zunächst Beteiligung an der politischen Öffentlichkeit; diese aber ist heute in erster Linie medial vermittelt." (Besand/Sander, 2010, S. 10) Ganz im Sinne eines Erschließens des Feldes des Politischen „für eigenständiges und kompetentes Urteilen und Handeln" (Sander, 2013, S. 44) ist es deshalb für auf mündige Teilhabe abzielende Politische Bildung unerlässlich, die Entwicklung von Fähigkeiten und Fertigkeiten für einen reflektierten und reflexiven Umgang mit medial vermittelter Politik im Alltag zu unterstützen (Ammerer et al., 2009, S. 7–9; Kühberger, 2015, S. 137). Aus gutem Grund wird daher gefordert, politische Lernprozesse stärker an die Mediatisierung der Politik anzupassen (Hummer, 2019, S. 151), Medien als integralen Bestandteil Politischer Bildung zu betrachten und das Lernen mit, an und durch Politik vermittelnde Medien zu forcieren (Besand, 2014b, S. 370f., v.a. S. 374; vgl. auch Autorengruppe Fachdidaktik, 2017, S. 156; Besand/Sander, 2010, S. 10).

Wahlplakate sind dafür gut geeignet, denn einerseits können durch die Beschäftigung mit ihnen erlernte Fähigkeiten über den Unterricht hinaus im alltäglichen Umgang mit Politik für Schüler*innen leicht wahrnehmbar angewandt werden. Ein Transfer im Sinne lebensweltlicher Bedeutsamkeit (Ammerer et al., 2009, S. 8; Holzkamp, 1995, S. 184f.; Maier, Bohl, Kleinknecht/Metz, 2013, S. 36f.) des Erlernten ist anhand von in Wahlzeiten omnipräsenten Wahlplakaten entsprechend sehr gut möglich.

Andererseits eignen sich Wahlplakate aufgrund ihrer Funktionslogik und ihrer charakteristischen Merkmale, politische Botschaften pointiert und einprägsam zu übermitteln und sie damit in ihrer inhaltlichen Verdichtung in Sekundenschnelle einer breiten Öffentlichkeit zugänglich zu machen (Kühberger, 2015, S. 140; Mosch, 2010, S. 361f.). An ihnen können nicht nur visuelle Kommunikationsstrategien von politischen Akteur*innen treffend analysiert, sondern auch kommunizierte inhaltliche Aussagen in Form politischer Botschaften, Bezugnahmen, Werthaltungen oder Vorstellungen von Politik und Gesellschaft reflektiert werden (Seibt, 2010, S. 398f.). Wahlplakate sind zwar an der Oberfläche des Politischen angesiedelt, lassen sich aber dafür nutzen, um in tiefere Schichten vorzudringen, indem z.B. die jeweils dahinterliegenden politischen Probleme oder Kontroversen analytisch erfasst werden sowie die im Fokus stehenden Regelungsfragen im Hinblick auf davon berührte Basiskonzepte reflektiert werden (Autorengruppe Fachdidaktik, 2017, S. 112–114). Auf diese Art kann es gelingen, neben der methodisch-analytischen Auseinandersetzung auch die politische Urteils- und Handlungsdimension in den Blick zu nehmen und der Gefahr eines „unpolitischen Politikunterrichts" entgegenzuwirken (Autorengruppe Fachdidaktik, 2017, S. 92–93; Petrik, 2013, S. 14; Sander, 2013, S. 68–69).

Aus politikdidaktischer Sicht bieten sich aus all diesen Gründen besondere Lernchancen, indem über die Analyse von Entwicklungsstrategien und Gestaltungselementen politischer Plakate die Analyse-, Urteils- und Handlungsfähigkeit der Lernenden entwickelt werden (Mosch, 2010, S. 363; Sander, 2013, S. 89f.). Dafür ist es grundlegend notwendig, diejenigen politischen Kompetenzen anzubahnen, die benötigt werden, um mediale Produkte methodisch kontrolliert und systematisch zu erschließen (Ammerer et al. 2009, S. 8). Ein tiefergehendes Verständnis für Politik bedeutet allerdings nicht nur, sich prozedurales Wissen anzueignen, um mediale Produkte entschlüsseln zu können, sondern gleichzeitig auch die je individuellen konzeptuellen Vorstellungen im Umgang mit politischen Manifestationen weiterzuentwickeln, indem etwa Reflexionen zum erkenntnistheoretischen Konzept der „Konstruktivität" initiiert oder aber Konzepte wie z.B. „politische Werbung" weiterentwickelt werden. Ein methodischer Zugang, bei dem die Umkehrung der rein passiven Analyse hin zur Erstellung von Wahlplakaten im Mittelpunkt steht, versucht, diese Momente der Konstruktivität politischer visueller Kommunikation zu fokussieren, sodass von Schüler*innen vorgefundene „fremde" Wahlplakate in der Folge besser durchdrungen werden können (Ammerer et al., 2009, S. 8; Autorengruppe Fachdidaktik, 2017, S. 158). Schüler*innen erstellen also selbst Wahlplakate oder verfremden vorgefundene Wahlplakate, um sich durch die Kombination von Reflexion und praktischem, kreativem Handeln mit den Wirkmechanismen und Gestaltungstrategien intensiv auseinanderzusetzen (Mosch, 2010, S. 366).

2.3 ANBAHNUNG POLITISCHER KOMPETENZEN IM UMGANG MIT WAHLPLAKATEN

Plakatanalyse

Ein kritisch-reflektierter Umgang mit politischen Manifestationen in Form von Wahlplakaten zielt zunächst auf die Schulung von Politikbezogenen Methodenkompetenzen, also das Verfügen über Verfahren und Methoden, um medialisierte Politik zu verstehen und zu hinterfragen (Krammer et al., 2008, S. 3; Kühberger, 2015, S. 130). Zu den geforderten methodischen Fähigkeiten im Rahmen politischer Urteilsfähigkeit schreibt Sander (2013, S. 90): „Politische Bildung trainiert politische Medienkompetenz im Sinne der Fähigkeit, sich im medialen Politikangebot gezielt orientieren und die Logiken medialer Politikinszenierung entschlüsseln zu können." (vgl. auch GPJE, 2004, S. 16 u. 18) Anknüpfend an diese Forderung wird durch die in diesem Band präsentierten Unterrichtsbausteine zum Umgang mit Wahlplakaten ein Leitfaden zur Plakatanalyse für den Unterricht geboten, der im Zeichen der systematischen Analyse von Text, Bild, Farben, Symbolen und anderer Codes steht. Der Leitfaden richtet den Blick zudem auf Botschaften, Bezugnahmen, Vorstellungen von Politik und Gesellschaft, Intentionen und Zielgruppen, verbunden mit der Zielsetzung, Lernende mithilfe eines angemessenen Aufgabendesigns zur Reflexion darüber anzuregen, welche Wirkungen, Reaktionen und Assoziationen die jeweiligen Plakate bei ihnen auslösen (siehe Abb. 7).

Für die Plakatanalyse liegen zahlreiche Umsetzungsvorschläge vor (z.B. Achour, Frech, Massing/Straßner, 2020a, S. 9; Besand, 2014c, S. 464; Kühberger, 2008, S. 47; Kühberger, 2015, S. 129; Kühberger/Windischbauer, 2013, S. 127; Mosch, 2010, S. 365; Windischbauer, 2009, S. 48), die für die Praxisbausteine dieses Bandes als Grundlage herangezogen wurden. Die auf S. 24–29 präsentierten Bausteine zur Analyse von Wahlplakaten fokussieren etwa auf Kommunikationsstrategien und -ziele, erzeugte Wirkungen und dahinterstehende Absichten (*Politikbezogene Methodenkompetenz, Bereiche der kritischen Prüfung medial vermittelter politischer Informationen, Bereich der Medien- und der Kommunikationsanalyse*). In diesem Zusammenhang gilt es zudem, die Fähigkeiten und Fertigkeiten anzubahnen, Standpunkte von wahlwerbenden Akteur*innen nachzuvollziehen und kritisch zu bewerten. Wesentlich dafür ist die Feststellung der Interessen- und Standortgebundenheit, indem politische Urteile oder Positionen nach den dahinterliegenden ökonomischen, sozialen, religiösen bzw. kulturellen Interessen untersucht werden (*Politische Urteilskompetenz, Bereich der Feststellung von Interessen und Standortgebundenheit*). Auch können in den Wahlplakaten vorliegende politische Urteile auf ihre Begründungen hin analysiert werden (S. 63–65), z. B. inwiefern Ausprägungen populistischen Stils vorliegen oder die Vereinbarkeit mit demokratischen Grund- und Freiheitsrechten gegeben ist (*Politische Urteilskompetenz, Bereich der Qualitätsprüfung, der Kategorisierung u. Klassifizierung)*.

Außerdem kann die Kompetenz eines Perspektivenwechsels bzw. Nachvollzugs fremder Perspektiven trainiert werden, d.h. unter Einbeziehung unterschiedlicher Interessen und Denkweisen den Standpunkt und die Situation anderer Menschen nachvollziehen zu können (GPJE, 2004, S. 17; Krammer et al., 2008, S. 6) und etwa im Rahmen simulativer politischer Handlungen, wie sie in diesem Band (S. 30–34 und S. 66–68) angeregt werden, aus einer bestimmten Perspektive politische Urteile zu fällen *(Politische Handlungskompetenz, Bereich der Artikulation von Interessen und Meinungen)*. Schließlich muss es am Ende darum gehen, eigene Bewertungen bzw. politische Urteile zu fällen und diese plausibel begründen zu können (*Politische Urteilskompetenz, Bereich der Qualitätsprüfung, der Kategorisierung u. Klassifizierung eigener politischer Entscheidungen u. Urteile)*.

Auch wenn die Förderung von prozeduralen Kompetenzen stets mit der Entwicklung von Sachkompetenzen bzw. konzeptuellem Deutungswissen einhergeht, gilt es in der Beschäftigung mit Wahlplakaten ebenso, explizit auf die Weiterentwicklung von konzeptuellen Vorstellungen abzuzielen. Im Rahmen einer Analyse und Reflexion von Wahlplakaten, wie sie in dieser Publikation angeleitet wird (S. 29 u. S. 67), kann etwa das Konzept der „politischen Werbung" weiter ausdifferenziert werden, indem Lernende sich mit den medienspezifisch bedingten problematischen Verkürzungen auf Plakaten und dadurch entstehenden zu hinterfragenden Politikvorstellungen auseinandersetzen (*Politische Sachkompetenzen, Bereich der Kategorien und Konzepte*).

Schritte zur Analyse und Interpretation von Wahlplakaten	Beispielhafte Arbeitsaufträge aus unterschiedlichen kognitiven Anforderungsbereichen	Hilfestellungen und Lernhilfen
Schritt 1: Erster Eindruck	1. Beschreibe, wie das Plakat beim ersten Betrachten auf dich wirkt.	**Hilfestellung (optional)** Welche Eigenschaftswörter fallen dir dazu ein? Schreibe sie auf.
Schritt 2: Beschreiben des Wahlplakats	1. Beschreibe die Körperhaltung (Gestik), den Gesichtsausdruck (Mimik) und das Styling des Kandidaten/der Kandidatin. Beschreibe, wie er/sie am Plakat zu sehen ist.	**Hilfestellung (optional)** *Ordne zu:* alleine (Blick in die Kamera)/alleine (Blick zur Seite oder nach oben)/gemeinsam mit anderen (zuhörend)/gemeinsam mit anderen (sprechend)/keine Person am Plakat
	2. Beschreibe den Bildhintergrund.	
	3. Gib den Textslogan in eigenen Worten wieder.	
	4. Benenne, wer das Plakat in Auftrag gegeben hat.	**Hilfestellung (optional)** *Tipp:* Wahlplakate werden in aller Regel von Parteien angefertigt. Auch wenn sie für einzelne Politiker*innen werben, steht hinter diesen zumeist eine Partei.
Schritt 3: Analysieren des Wahlplakats	1. Untersuche die Symbole, welche auf dem Plakat zu sehen sind und erkläre, wofür die Symbole im Plakat stehen.	**Hilfestellung (optional)** *Tipp:* Ein „Symbol" ist alles, was nicht nur für sich selbst, sondern zudem als Code auch für etwas anderes steht. So ist z.B. eine Krone nicht nur ein wertvolles Schmuckstück, sondern auch ein Symbol für Macht. Denn wer eine Krone trägt, gilt als mächtig. *Tipp:* Häufig finden sich Symbole in den Logos von Parteien. Ebenso können das Styling eines Kandidaten/einer Kandidatin oder der Bildhintergrund symbolische Bedeutung haben.
	2. Erkläre, welches Image um den Kandidaten/die Kandidatin/die Partei mit diesem Plakat vermittelt wird. Erläutere auch, wie diese Wirkung erzeugt wird. Beginne dabei mit dem folgenden Satz: „Der Kandidat/die Kandidatin wirkt auf dem Plakat wie ..."	**Hilfestellung (optional)** *Ordne zu:* ein sachkundiger Politik-Profi, der Bescheid weiß, wie es läuft/ein seriöser Mensch, dem man vertrauen kann/ein Mensch, der Lockerheit und Coolness mitbringt/ein kreativer Mensch mit Ideen für die Zukunft/ein Mensch, der auch zuhören kann/ein Mensch, der kompromisslos für Überzeugungen eintritt/ein Mensch, der es im Leben zu etwas gebracht hat/ein Mensch, der sich von niemandem kaufen lässt
	3. Arbeite heraus, welche Zielgruppe(n) mit diesem Plakat angesprochen werden soll(en).	**Hilfestellung (optional)** *Ordne zu:* eher jüngere/ältere Menschen; eher in der Stadt/am Land lebende Menschen; eher wirtschaftlich besser/schlechter gestellte Menschen; eher im Land geborene/zugewanderte Menschen; eher gebildetere/weniger gebildete Menschen; eher weltoffene/traditionell gesinnte Menschen; eher zufriedene/unzufriedene Menschen; eher auf das Allgemeinwohl/eigene Wohl bedachte Menschen

Schritt 3: Analysieren des Wahlplakats	4. Untersuche die Funktion des Bildhintergrunds für die Gesamtwirkung des Plakats. Erkläre, inwiefern er dazu beiträgt, das „Image" des Kandidaten/der Kandidatin zu vermitteln oder den Text auf dem Plakat zu verstärken. Beginne dabei mit folgendem Satz: „Mit der Auswahl dieses Hintergrunds wird vermutlich das Ziel verfolgt, ..."	**Hilfestellung (optional)** *Vervollständige den folgenden Text:* „Mit der Auswahl dieses Hintergrunds wird vermutlich das Ziel verfolgt, die Wirkung des Plakats zu verstärken. Der gewählten Hintergrund passt gut zur Gesamtaussage des Plakats und zum vermittelten Kandidat*innen-,Image'. Beides wird dadurch noch besser in Szene gesetzt. Bei einem anderen Hintergrund wäre das weniger der Fall. Zum Beispiel ..."
	5. Analysiere mit Hilfe der Analysekärtchen[1], welche Werbestrategie mit dem Plakat verfolgt wird. [1] Vgl. S. 27 in diesem Band.	Ordne dem Plakat mindestens eine der folgenden Werbestrategien zu und begründe deine Entscheidung. ☐ Dreamworld-Technik ☐ Lifestyle-Technik ☐ Witz ☐ Symbolfiguren-Technik ☐ Stimmungs- und Gefühlsbilder ☐ Slice-of-Life-Technik
	6. Arbeite unter Berücksichtigung deiner bisherigen Erkenntnisse die zentrale Botschaft („Message") des Plakats heraus.	**Hilfestellung (optional)** *Tipp:* Achte dabei besonders auf das Zusammenspiel von Bildelementen und dem Text auf dem Plakat. Achtung: Die zentrale Botschaft ist nicht unbedingt gleichzusetzen mit dem Text! *Die folgenden Textbausteine können dir dabei helfen:* „Thema des Plakats ist ..."/„Es soll dabei die Botschaft vermittelt werden, dass ..."/„Das Plakat zielt vermutlich darauf ab, ..."
Schritt 4: Verknüpfen mit dem ersten Eindruck	1. Kehre zu Schritt 1 zurück. Lies deine Antwort noch einmal durch. Fasse dann zusammen, welche neuen Erkenntnisse du im Rahmen der genaueren Beschreibung (Schritt 2) und Analyse (Schritt 3) des Plakats dazugewinnen konntest. Schreibe sie auf!	
Schritt 5: Verknüpfen mit größeren Zusammenhängen	1. Arbeite heraus, auf welche übergeordneten Politikbereiche das Plakat Bezug nimmt. Erkläre, welche Interessen dahinterstehen könnten.	**Hilfestellung (optional)** *Ordne zu*: Bildung/Arbeit und Soziales/Umwelt/Sicherheit/Gesundheit/Migration/Grund- und Menschenrechte/Besteuerung/Verkehr und Infrastruktur/anderer Politikbereich, nämlich: ....
	2. Wahlplakate stellen Politik extrem verkürzt dar. Überprüfe auf Basis deiner bisherigen Erkenntnisse, welche zusätzlichen Informationen nötig wären, um sich zu jenen politischen Fragen, die das Plakat anspricht, eine gut begründete Meinung bilden zu können.	**Hilfestellung (optional)** *Vervollständige den folgenden Text:* „Wahlplakate sprechen politische Fragen meistens nur oberflächlich an. So auch dieses Plakat. Um verstehen zu können, um welchen Sachverhalt es dabei geht und wie die Position der Partei dazu aussieht, bräuchte es noch weiterführende Infos. Zum Beispiel müsste man wissen, ob/wie/warum ..."
Schritt 6: Kritische Reflexion des Mediums Wahlplakat	Nimm unter Bezugnahme auf die bisherigen Erkenntnisse zu einer der folgenden Aussagen (kritisch) Stellung: a) „Parteien wählen ja nicht die Themen aus, die für die gesamte Bevölkerung gerade wichtig sind, sondern jene Themen, die sie in einem möglichst guten Licht erscheinen lassen. Politik wird dadurch zu einer Show-Veranstaltung." b) „Auf Wahlplakaten steht zumeist nur eine Person im Vordergrund. Das sorgt für ein falsches Bild von Politik, denn es ist Blödsinn, dass eine Person in der Politik alle Entscheidungen trifft, selbst wenn sie noch so mächtig ist."	**Zusatzaufgabe (optional)** *Nimm darüber hinaus auch zu folgender Aussage Stellung:* „Es wird durch Wahlplakate mit Idealvorstellungen geworben. Aber in der Realität sieht es ganz anders aus: Nachdem selten eine Partei so viele Stimmen hat, um allein regieren zu können, müssen Kompromisslösungen gemeinsam mit anderen Parteien gefunden werden. Die unterschiedlichen Parteien vertreten aber viele verschiedene Interessen. Ideen einer Partei können also selten zu 100 Prozent umgesetzt werden."

Abb. 7: Beispielhafte Umsetzung der Schritte zur Analyse und Interpretation von Wahlplakaten

Plakaterstellung

Nachdem der politischen Medienkompetenz auch eine Handlungsdimension hinsichtlich der Fähigkeiten zur eigenen Teilnahme an politischer Öffentlichkeit zugeschrieben wird (Sander, 2013, S. 92), bietet es sich an, die Anbahnung von politikrelevanten Analysefähigkeiten mit der handlungsorientierten Erstellung eigener Plakate zu verknüpfen. Dieser Ansatz beruht einerseits auf lernpsychologischen Überlegungen, andererseits werden damit fachspezifische Zielsetzungen verfolgt. Im vorliegenden Band (S. 30–34) konkretisiert sich dieser Zugang durch die Bereitstellung von unterrichtspraktischen Möglichkeiten zur Anbahnung Politischer bzw. Politikbezogener Methoden- und Handlungskompetenzen, indem im Rahmen simulativen politischen Handelns Medien genutzt werden, wie hier Wahlplakate, um politische Meinungen und Anliegen zielgerichtet zu verbreiten. Zu diesem Zweck beinhaltet die Publikation – angelehnt an das Konzept populärer Wahlplakat-Generatoren – einen reichhaltigen Pool an Wahlplakat-„Bausteinen", aus denen eigenmächtig durch variable Kombination einzelner Elemente politische Plakate generiert werden können. Lernende erweitern auf diesem Weg ihr politisches Handlungsrepertoire *(Politische Handlungskompetenz, Bereich der Aktivitäten zur Durchsetzung/Vertretung politischer Interessen)*, erhalten durch das Schlüpfen in die Gestalter*innen-Rolle aber auch neue Perspektiven auf die Visualität des Politischen, von der sie in ihrer Lebenswelt umgeben sind (Hummer, Mattle/Mörwald, 2022, S. 11–14; Kühberger, 2008, S. 50; Mosch, 2010, S. 363). Außerdem werden abermals Anschlussmöglichkeiten für Analyse und Reflexion geschaffen, nicht zuletzt mit Blick auf das analytische Erschließen des funktionalen Zusammenhangs von Botschaft und Darstellungsform und damit verknüpfter Kommunikationsziele. Sämtliche förderbare Kompetenzen, die im vorgehenden Abschnitt zur „Plakatanalyse" genannt wurden, können deshalb hier im umgekehrten Ansatz – Plakate nach bestimmten Zielvorgaben zu erstellen – neben der bereits genannten Politischen Handlungskompetenz ebenso angeführt werden: Die *Politikbezogene Methodenkompetenz* im Bereich der Erstellung von Medien, um unter Berücksichtigung der Medienspezifik am Politischen teilzunehmen; die *Politische Urteilskompetenz*, wenn im Rahmen einer handlungsorientierten „Übersetzung" parteipolitischer Positionen in die visuelle Darstellungslogik von Wahlplakaten Interessen- und Standortgebundenheit von wahlwerbenden Parteien berücksichtigt werden müssen; die *Politische Sachkompetenz*, indem konzeptuelle Vorstellungen zur Konstruktivität von Wahlplakaten und zum Konzept „politische Werbung" weiterentwickelt werden können.

Medienreflexion – Plakat und Rede im Vergleich

Eine weitere Option für die Arbeit mit Wahlplakaten im Politikunterricht fokussiert auf das Lernen über das Medium Wahlplakat. Um Schüler*innen in die Lage zu versetzen, medienspezifische Besonderheiten zu erkennen und darüber zu reflektieren, bietet sich der Vergleich mit einem anderen – möglichst kontrastreichen – Medium an. Im vorliegenden Band (S. 66–68) konkretisiert sich dieser Zugang in Gestalt eines Vergleichs zwischen Wahlplakaten und politischen Reden. Über einen solchen Vergleich sollen Schüler*innen erkennen lernen, dass sich die mediale Form maßgeblich auf die Inhaltsebene von politischer Kommunikation auswirkt. Gefördert werden dadurch die *Politikbezogene Methodenkompetenz*, indem Schüler*innen den Einfluss der medialen Präsentationsform auf die kommunizierten Inhalte reflektieren, sowie die *Politische Sachkompetenz* mittels Weiterentwicklung individueller Konzepte von durch Medien geprägten politischen Kommunikationsprozessen. Darüber hinaus kann die Einbeziehung des Mediums Rede dafür genutzt werden, um *Politische Urteilskompetenz*, insbesondere die Fähigkeit zu Perspektivenübernahme und Perspektivenwechsel, und durch die Vertretung politischer Interessen *Politische Handlungskompetenz* anzubahnen.

Arbeit mit Wahlplakaten	Politische Teilkompetenz	Umsetzungsbeispiel in diesem Band
Plakatanalyse	Politikbezogene **Methodenkompetenz**, Bereich der kritischen Prüfung medial vermittelter politischer Informationen; Bereich der Medien- und der Kommunikationsanalyse	S. 24–29
	Politische **Urteilskompetenz**, Bereich der Feststellung von Interessen und Standortgebundenheit	
	Politische **Sachkompetenz**, Bereich der Kategorien und Konzepte	
Plakaterstellung	Politische **Handlungskompetenz**, Bereich der Aktivitäten zur Durchsetzung/Vertretung politischer Interessen	S. 30–65
	Politikbezogene **Methodenkompetenz**, Bereich der Erstellung von geeigneten Medien, um am Politischen teilnehmen zu können; Bereich der Medien- und der Kommunikationsanalyse	
	Politische **Urteilskompetenz**, Bereich der Feststellung von Interessen- und Standortgebundenheit; Bereich der Qualitätsprüfung, der Kategorisierung u. Klassifizierung	
	Politische **Sachkompetenz**, Bereich der Kategorien und Konzepte	
Medienreflexion - Plakat und Rede im Vergleich	Politische **Sachkompetenz**, Bereich der Kategorien und Konzepte	S. 66–68
	Politikbezogene **Methodenkompetenz**, Bereich der Medien- und der Kommunikationsanalyse	
	Politische **Urteilskompetenz**, Bereich der Feststellung von Interessen und Standortgebundenheit	
	Politische **Handlungskompetenz**, Bereich der Artikulation von Interessen und Meinungen	

Abb. 8: Auswahl an förderbaren Teilkompetenzen politischen Denkens und Handelns durch den Umgang mit Wahlplakaten

Prä- und Follow-Up-Aktivitäten

Dem Wesen der sich durchdringenden Kompetenzbereiche im Rahmen der Entwicklung politischer Urteils- und Handlungsfähigkeit entspricht es, dass die Politischen Sachkompetenzen bzw. das konzeptuelle Deutungswissen in allen Momenten der Beschäftigung mit Wahlplakaten eine Rolle spielen. Wenn etwa über politische Kommunikationsabsichten, Wirkungen politischer Manifestationen in Form von Wahlplakaten oder Kommunikationsstrategien nachgedacht wird, werden individuelle konzeptuelle Vorstellungen verändert (*Politische Sachkompetenzen, Bereich der Kategorien und Konzepte*). Fokussiert man jedoch explizit auf Basiskonzepte, so kann deren individuelles konzeptuelles Verständnis z. B. durch den Einsatz von Concept Cartoons weiterentwickelt werden, indem sich Lernende mit ihren eigenen und anderen Vorstellungen, etwa zur Konstruktivität von Wahlplakaten (Buchberger et al., 2020, S. 58–61) oder zur medialen Inszenierung von Politik und dahinterliegenden Kommunikationsabsichten (Buchberger et al., 2020, S. 50–52), auseinandersetzen *(Prä-Aktivität 1)*.

Prä- und Follow-Up-Aktivitäten zum Thema „Wahlplakate"	Inhaltliche Schwerpunkte	Quellen
Prä-Aktivität 1	**Konzeptuelle Vorstellungen zur Konstruktivität von Wahlplakaten**[2]	Buchberger et al., 2020, S. 58–61
Prä-Aktivität 2	**Ziele von Wahlwerbung**[3]	Mattle/Mörwald, 2017
Prä-Aktivität 3	**Strategien von Wahlwerbung**[3]	Schreilechner, 2017
Follow-Up-Aktivität 1	**Freiwilliges Nichtwählen**[3]	Tanzer, 2007
Follow-Up-Aktivität 2	**Wählen oder Nicht-Wählen?**	Kühberger/Windischbauer, 2013, S. 85f.
Follow-Up-Aktivität 3	**Konzeptuelle Vorstellungen zu Macht und Handlungsspielräumen im Zusammenhang mit Wahlen**[2]	Buchberger et al., 2020, S. 42–45
Follow-Up-Aktivität 4	**In- und Exklusion bei Wahlen**[3]	Hummer/Mörwald, 2020

Abb. 9: Auswahl an möglichen Prä- und Follow-Up-Aktivitäten rund um den Einsatz der Materialien dieser Publikation

Um den für die Plakatanalyse nötigen kritisch-analytischen Blick zu entwickeln, scheint es gewinnbringend, sich vorab zunächst mit den grundsätzlichen Zielen von Wahlwerbung auseinanderzusetzen. Einen entsprechenden Umsetzungsvorschlag haben Mattle/Mörwald (2017) unterbreitet *(Prä-Aktivität 2)*. Dieser sieht zunächst ein Brainstorming zum Begriff Wahlwerbung sowie zu Zielen von Wahlwerbung vor. Danach befassen sich die Lernenden mit einschlägigen Überlegungen aus der Kommunikationswissenschaft, basierend auf zehn zentralen Zielen von Wahlwerbung. Im Rahmen dieses Beispiels gilt es dann, die eigenen Überlegungen mit jenen aus der Wissenschaft zu vergleichen und diesen zuzuordnen. Dieses grundlegende Arbeitswissen zum Thema „Ziele von Wahlwerbung" kann in der Folge für die Analyse von unterschiedlichsten Formen von Wahlwerbung herangezogen werden, indem herausgearbeitet wird, welche der zehn Ziele z. B. mit verschiedensten Wahlwerbespots verfolgt oder vernachlässigt werden und welche politischen Strategien dahinterstehen könnten.

Der Analyse von politischen Manifestationen vorangestellt werden könnte zudem eine grundsätzlichere Auseinandersetzung mit den unterschiedlichen Formen von Wahlwerbung. Schreilechner (2017) hat hierfür einen Unterrichtsvorschlag unterbreitet *(Prä-Aktivität 3)*, der vorsieht, dass Schüler*innen die unterschiedlichsten medialen Formen der Wahlwerbung – vom klassischen Wahlplakat über Inserate in Gratiszeitungen bis hin zu Social-Media-Aktivitäten – mithilfe von Arbeitswissen und anhand von vorgegebenen Kriterien (wie z. B. Reichweite, Aufwand, Flexibilität und inhaltliche Verlässlichkeit) hinterfragen. Schüler*innen sollen in der Folge erkennen, dass die Auswahl eines bestimmten Mediums wesentlich davon abhängt, welche Zielgruppen auf welche Art angesprochen werden sollen bzw. welche politische Strategie damit verfolgt werden soll. Derartige Entscheidungen können zusätzlich im Rahmen einer Planspiel-Sequenz auch von den Schüler*innen erprobt und reflektiert werden. Schreilechners Beispiel sieht z. B. vor, dass die Schüler*innen in die Rolle einer Wahlkampfleiterin bzw. eines Wahlkampfleiters versetzt werden, der/die für fiktive Problemsituationen entsprechende Lösungsvorschläge entwickeln und diese begründen muss.

Politische Lernarrangements in diesem Zusammenhang können erweiternd auch thematische Aspekte behandeln, die das freiwillige oder auch das unfreiwillige Fernbleiben von Wahlen thematisieren. Tanzer (2007) hat zum freiwilligen Fernbleiben ein Unterrichtsbeispiel entwickelt *(Follow-Up-Aktivität 1)*, bei dem die Analyse einer politischen Karikatur zum Thema Politikverdrossenheit im Fokus steht. Für das Ergründen des politischen Urteils, das damit zum Ausdruck gebracht wird, werden den Schüler*innen als Materialien u. a. Daten zur Wahlbeteiligung im historischen Verlauf sowie Motive von Nichtwähler*innen zur Verfügung gestellt. Der Frage „Wählen oder Nicht-Wählen?" widmen sich auch Kühberger/Windischbauer (2013, S. 85 f.), indem durch differenziert aufbereitete Materialien Diskussionen in Kleingruppen über unterschiedliche Meinungen zu „Wählen in Demokratien" angeregt werden, sodass Lernende anschließend selbst begründet Stellung nehmen können. Neben einem Kasten mit Arbeitswissen zu Wahlen findet sich ein Set aus Karten mit Statements zum Wählen, deren Einsatz methodisch differenziert angeleitet wird *(Follow-Up-Aktivität 2)*. Zu politischen Wahlen als Teilkonzept von Macht und Handlungsspielräumen finden sich in einem von Buchberger et al. (2020, S. 42–45) für den Politikunterricht entwickelten

[2] Online verfügbar: https://www.geschichtsdidaktik.com/projekte/concept-cartoons-for-learning/concept-cartoons-methoden-fuer-politisches-lernen/ (1.1.2022).

[3] Online verfügbar: https://www.geschichtsdidaktik.com/materialien-für-den-unterricht/suchmaschine/ (1.1.2022).

Concept Cartoon empirisch erhobene Vorstellungen von Schüler*innen zur Frage „Soll man wählen gehen?" *(Follow-Up-Aktivität 3)*. Im methodisch angeleiteten Umgang mit dem Concept Cartoon sollen Schüler*innen ihre eigenen individuellen Vorstellungen vertreten und argumentieren, bevor durch Impulskarten, die die Argumentationen unterstützen, herausfordern und erweitern können, eine Weiterentwicklung des konzeptuellen Verständnisses der Lernenden angeregt wird.

Ein anderer möglicher Erweiterungsaspekt ist der unfreiwillige staatsbürgerschaftsbedingte Wahlausschluss. Dazu erarbeiteten Hummer/Mörwald (2020) ein Unterrichtsbeispiel *(Follow-Up-Aktivität 4)*. Ausgehend von ihren subjektiven Vorstellungen zum Begriff des „Volkes" in einem demokratisch verfassten Gemeinwesen befassen sich die Lernenden im Hinblick auf das Wahlrecht mit dem verfassungsrechtlichen Status quo in Österreich und unterschiedlichen damit verbundenen politischen Handlungsoptionen. Auf dieser Grundlage erfolgt anschließend eine analytische Auseinandersetzung mit divergierenden Problem-Interpretationen und -Lösungsvorschlägen durch die österreichischen Parlamentsparteien, ehe die Lernenden dann ein eigenes politisches Urteil fällen und dieses begründen. Dieses Beispiel arbeitet in Anbetracht der Komplexität des Themas stark mit geschlossenen und halboffenen Aufgabenstellungen, bei denen die Schüler*innen z. B. die Positionen der Parteien drei vorgegebenen Handlungsoptionen zuordnen müssen.

3. PRAKTISCHE UMSETZUNG

3.1 PLAKATANALYSE

Auf der Grundlage der im Abschnitt 2.2 „Wahlplakate im Politikunterricht" beschriebenen politikdidaktischen Möglichkeiten und Anforderungen für die Analyse und Interpretation von Wahlplakaten wird im Folgenden ein kompakter Ansatz präsentiert (Kopiervorlage 1), der mit seinen Aufgabenstellungen vor allem auf Kandidat*innen-Plakate fokussiert.

Für die konkrete Analyse ist ein 8-Schritt vorgesehen. Dabei nähern sich die Schüler*innen zunächst mittels einer kriteriengeleiteten Beschreibung an das Plakat an, ehe sie dieses mit unterschiedlichen Schwerpunkten in den Schritten 2, 3 und 4 eingehend untersuchen. Nach dem analytischen Erschließen der Werbebotschaft werden die Schüler*innen angeleitet, über politische Wirkungen – entgegen eines „unpolitischen Politikunterrichts" – von Wahlplakaten zu reflektieren (Schritt 5), im Plakat thematisierte Politikbereiche herauszuarbeiten (Schritt 6) und schließlich in den Schritten 7 und 8 Reflexionen über die Limitationen von Wahlplakaten mit ihren medienspezifischen Verkürzungen anzustellen. Nachdem ein solches Unterfangen speziell in der Sekundarstufe I für Schüler*innen herausfordernd ist, wurden in den Aufgabenstellungen unterschiedliche Differenzierungsmöglichkeiten vorgesehen: Die Aufgabenformate sind überwiegend geschlossen oder halboffen. Zusätzlich finden sich bei offenen Aufgabenstellungen helfende Tipps oder sprachliche Scaffolds. Schüler*innen haben zudem in einigen Aufgabenstellungen die Möglichkeit, auf Antwort- und Analysekärtchen zurückgreifen, die sie entsprechend zuordnen können.

Auf Wahlplakaten werden politische Aussagen auf wenige kurze Slogans oder bildlich gefasste Stories reduziert. Um diese politisch kontextualisieren und analysieren zu können, braucht es Kontextwissen. Vor diesem Hintergrund wird im Zuge der Plakatanalyse und -interpretation auch eine Reflexion zu notwendigen zusätzlichen Informationen angeleitet (Schritt 7). Zur Kontextualisierung geeignete Materialien, wie etwa Auszüge aus Parteiprogrammen, Wahlbroschüren, werden jedoch erst im nächsten Abschnitt 3.2 „Plakaterstellung und Plakatanalyse" herangezogen, da das für die Lösung der Aufgabenstellungen dieses Abschnitts erforderliche Arbeitswissen bereits in den Aufgabentexten und Materialien enthalten ist.

Es stehen zwei Plakate für die konkrete Analyse zur Verfügung, die mit dem in diesem Band vorgestellten Bausatz an Plakatelementen erstellt wurden. Die Lösungen der Schritte 1 und 2 finden sich in Form von differenzierenden Kärtchen, die (evtl. ausgeschnitten) den jeweiligen Elementen der Plakate zugeordnet werden können. Im Schritt 3 gilt es beim ersten Plakat, die Themen Klimawandel und Naturschutz herausarbeiten. Es soll die Botschaft erkannt werden, dass sich die Partei für nachhaltige Energiegewinnung sowie – unterstützt durch den Slogan – für Ehrlichkeit in der Politik einsetzen will. Das Thema des zweiten Plakats ist Ordnung und Sicherheit. Es will die Botschaft vermitteln, dass die Partei entschlossen ist, Gefahren für das Land abzuwehren, die von zuwandernden Menschen ausgehen würde. Bei der Analyse der eingesetzten Werbetechniken (Schritt 4) sind unterschiedliche Antworten möglich. Beim ersten Plakat könnte einerseits aufgrund des Sprachspiels im Slogan die Technik *Witz* angeführt werden und andererseits die *Lifestyle-Technik*, in welcher der zum Ausdruck gebrachte nachhaltige Lebensstil Identifikationsangebote für die Zielgruppe birgt. Das zweite Plakat operiert hingegen eher mit der Technik *Stimmungs- und Gefühlsbilder.* Hier wird eine Bedrohung durch zuwandernde Menschen suggeriert.

Politisch sind Wahlplakate in erster Linie für die *Aktivierung* und *Verstärkung* bedeutsam (Schritt 5), ebenso für die *Themensetzung* in Wahlkämpfen. Der Effekt für den unmittelbaren *Meinungsumschwung* ist hingegen fraglich. Egal, ob sich die Schüler*innen für a), b), c) oder d) entscheiden, im Detail hängt es von ihrer Begründung ab, warum welche Wirkungen für sie im Vordergrund stehen. Die Bezüge auf Politikbereiche (Schritt 6) im ersten Plakat lassen sich in den Bereichen „Umwelt" sowie „Politik" an sich („Anderer Politikbereich") identifizieren, da die gewählten Volksvertreter*innen aus Sicht der wahlwerbenden Partei „sauber" sein sollten, also integer, moralisch einwandfrei und anständig. Mögliche dahinterstehende Interessen kann man u. a. in einer bestimmten (jüngeren) Altersgruppe verorten und in einem bestimmten Lebensstil. Im zweiten Plakat stehen die beiden Bereiche „Sicherheit" und „Migration" im Vordergrund. Es könnten z. B. Interessen einer bestimmten Berufsgruppe oder Interessen, die u. a. mit einer bestimmten Herkunft oder Wertvorstellung zusammenhängen, genannt werden. Im auf die verkürzende Darstellungsweise von Wahlplakaten abzielenden Schritt 7 könnte beispielsweise danach gefragt werden, was genau im ersten Plakat unter nachhaltiger Energieversorgung verstanden wird, welche die zu erwartenden Folgen für die Bevölkerung sind und wie konkret für mehr Anstand in der Politik gesorgt werden soll. Oder wie die Partei des zweiten Plakats Migration konkret reglementieren will, wie sie mit Menschenrechten umgehen will oder warum sie Zuwanderung als Bedrohung ansieht. Die Lösungen für Schritt 8 finden sich wieder in Form von zuzuordnenden Kärtchen (hier: Sprechblasen). Zusätzlich können aber auch eigene kreative Slogans entwickelt und in den Plakaten ergänzt werden.

Saubere Energie. Saubere Politik.
X Partei der Nachhaltigkeit

Grenzen schützen. Heimat bewahren.
Deinetwegen!
Achtung
Staatsgrenze
X Partei der Grenzen

Acht-Schritt-Analyse und Interpretation von Wahlplakaten

1. Beschreibe das Wahlplakat in seinen Einzelheiten.

Wie ist der *Kandidat oder* die *Kandidatin* der jeweiligen Partei zu sehen? Achte auf die Körperhaltung, den Gesichtsausdruck, das Styling, … Wie sieht der *Hintergrund* aus? Wie lautet der *Text* auf dem Plakat? Wer hat das Plakat in *Auftrag* gegeben?

____

____

____

____

Du kannst auch jedem Plakat die folgenden Kärtchen für 1. Kandidat oder Kandidatin, 2. Hintergrund, 3. Partei-Symbol, 4. Text und 5. auftraggebende Partei zuordnen. Schreibe die entsprechende Zahl in das passende Kästchen.

Man kann den Text lesen: „Saubere Energie. Saubere Politik". ☐	Das Logo der Partei sieht aus wie eine Mischung aus Apfel und Weltkugel. ☐	Man kann den Text lesen: „Grenzen schützen. Heimat bewahren. Deinetwegen!". ☐	Im Hintergrund sieht man einen Zaun mit Stacheldraht. ☐
Das Logo der Partei sieht aus wie ein Zaun. ☐	Der Kandidat der Partei hat ein offenes Hemd und eine struppige Frisur. ☐	Es sind mehrere Personen zu sehen. Ein Mann deutet mit den Händen und erklärt den anderen etwas. ☐	Im Hintergrund kann man Windräder sehen. ☐
Eine Frau blickt streng aus dem Wahlplakat. ☐	Das Plakat wurde von der Partei der Grenzen in Auftrag gegeben. ☐	Die Kandidatin der Partei hat eine Bluse und ein Sakko an. Sie hat die Haare zusammengebunden. ☐	Das Plakat wurde von der Partei der Nachhaltigkeit in Auftrag gegeben. ☐

2. Erkläre, welche Funktion die einzelnen Elemente des Plakats für die Wirkung des gesamten Plakats erfüllen.

Tipp: Denke z.B. an …

- … den *Bildhintergrund,* der z.B. zeigen kann, welche Themen der Partei wichtig sind
- … die *Symbole*, die du entdecken kannst
- … die *Kandidatin* oder den *Kandidaten*, wie er / sie dargestellt wird
- … den *Text*
- … die *Zielgruppe*, die erreicht werden soll

____

____

____

____

Du kannst auch jedem Plakat jeweils ein Kärtchen für 1. den Hintergrund, 2. das Logo, 3. die Kandidatin oder den Kandidaten, 4. den Text und 5. die Zielgruppe zuordnen. Schreibe die entsprechende Zahl in das passende Kästchen.

Hinweis auf eine umweltverträgliche Art der Stromerzeugung. ☐	Das Symbol steht für Natur, Weltoffenheit und Klimaschutz. ☐	Naturverbundenheit der Person und der Dialog stehen im Vordergrund. ☐	Die Partei will die Natur schützen und Verbrechen in der Politik verhindern. ☐	Das Plakat wendet sich vor allem an Naturschützer*innen. ☐
Hinweis auf eine Möglichkeit, fremde Menschen abzuwehren. ☐	Das Symbol steht für den Schutz der Heimat. ☐	Die Ernsthaftigkeit und Entschlossenheit der Person soll betont werden. ☐	Die Partei will die Bevölkerung vor fremden Menschen verteidigen. ☐	Das Plakat wendet sich vor allem an Leute, die Zuwanderung ablehnen. ☐

3. Arbeite unter Berücksichtigung deiner bisherigen Erkenntnisse die zentrale Botschaft („Message") des Plakats heraus.

Die folgenden Textbausteine können dir dabei helfen:

- „*Thema* des Plakats ist ..."
- „Es soll dabei die *Botschaft* vermittelt werden, dass ..."

Du kannst auch folgende Begriffe für deine Sätze verwenden.

Klimawandel und Naturschutz	Nachhaltige Energiegewinnung	Ehrlichkeit in der Politik
Ordnung und Sicherheit	Abwehr von Gefahren	Zuwandernde Menschen

4. Ordne dem Plakat mindestens eine der folgenden Werbestrategien* zu und begründe deine Entscheidung. (*Kühberger, 2008, S. 48)

Folgende Grundmuster von Werbung, die auch in der Politischen Bildung häufig verwendet werden, stehen dafür zur Auswahl:

Dreamworld-Technik
Es werden Träume und Phantasien der Käufer*innen angesprochen. Dadurch wird eine Verbindung zwischen dem beworbenen Produkt und der Zielgruppe hergestellt.
Beispiel: Strandszenen ☐

Slice-of-life-Technik
Personen werden meist in Alltagssituationen gezeigt. Sie verwenden dabei beworbene Produkte.
Beispiel: am Frühstückstisch ☐

Witz
Es werden witzige Effekte eingesetzt. Diese Effekte entstehen z.B. durch Sprachspiele, Gegensätze zwischen Bild und Text oder komische Personen oder Orte.
Beispiel: witzige Alltagssituationen ☐

Symbolfiguren-Technik
Es werden sympathische und bekannte Personen gezeigt. Diese bewerben das Produkt mit ihren Eigenschaften – Erfolg, Stärke, Sauberkeit usw. Die Eigenschaften stellen das Produkt dar. Dadurch wird ein positives Image geschaffen.
Beispiel: berühmte Persönlichkeiten ☐

Lifestyle-Technik
Die Werbung bringt das Produkt in Verbindung mit einem bestimmten Lebensstil. Dieser Lebensstil passt zum Produkt. Käufer*innen sollen sich mit Lebensstil und Produkt identifizieren.
Beispiel: Bio-Lebensmittel in der Natur ☐

Stimmungs- und Gefühlsbilder
Produkte werden mit Stimmungen und Gefühlen verknüpft. Zumeist sind das positive Gefühle (z.B. Urlaubsstimmung). Sie können aber auch negativ sein, wenn etwa Hilfsorganisationen für Spenden werben.
Beispiel: Aufruf von Hilfsorganisationen ☐

Begründung:

5. Beurteile, auf welche politische Wirkung das Plakat abzielt.

a) Der Partei geht es mit dem Plakat darum, mögliche Wähler*innen unmittelbar zu einem Meinungsumschwung zu bewegen („Meinungsänderung").

b) Der Partei geht es mit dem Plakat darum, mögliche Wähler*innen mit den Inhalten und Persönlichkeiten der Partei auf positive Art vertraut zu machen („Aktivierung").

c) Der Partei geht es mit dem Plakat darum, dass die eigenen Inhalte von möglichen Wähler*innen als wichtig erachtet werden. („Themensetzung")

d) Der Partei geht es mit dem Plakat darum, eine bereits vorhandene Sympathie weiter zu verstärken und sicherzustellen, dass am Wahltag auch tatsächlich diese Partei gewählt wird („Verstärkung")

e) Der Partei geht es mit dem Plakat um etwas ganz anderes, nämlich ...

Begründung:

____

____

____

____

6. Arbeite heraus, auf welche übergeordneten Politikbereiche das Plakat Bezug nimmt. Ordne zu und erkläre, welche Interessen damit angesprochen werden könnten.

Bildung	**Arbeit und Soziales**	**Umwelt**	**Gesundheit**	**Migration**
Besteuerung	**Verkehr und Infrastruktur**	**Grund- und Menschrechte**	**Sicherheit**	**Anderer Bereich ______**

Begründung:

____

____

____

Tipp: Denke an das Interesse …

- ☐ … einer bestimmten **Berufsgruppe**
- ☐ … einer bestimmten **Altersgruppe**
- ☐ … einer bestimmten **Einkommensgruppe**
- ☐ … einer bestimmten **gesellschaftlichen Gruppe**

… oder an das Interesse, das …

- ☐ … mit einem bestimmten **Lebensraum** in Verbindung steht
- ☐ … mit einer bestimmten **Herkunft** in Verbindung steht
- ☐ … mit einer bestimmten **Wertvorstellung** in Verbindung steht
- ☐ … mit einem bestimmten **Lebensstil** in Verbindung steht
- ☐ … mit einer bestimmten **Lebenssituation** in Verbindung steht
- ☐ … mit einer bestimmten **kulturellen Zugehörigkeit** in Verbindung steht

Begründung:

____

____

____

7. Überprüfe auf Basis deiner bisherigen Erkenntnisse, welche zusätzlichen Informationen nötig wären, um sich zu jenen politischen Fragen, die das Plakat anspricht, eine qualifizierte Meinung bilden zu können.

Wähle ein Plakat und vervollständige den folgenden Text:

„Wahlplakate sprechen politische Fragen meistens nur oberflächlich an. So auch dieses Plakat. Um verstehen zu können, um welchen Sachverhalt es dabei geht und wie die Position der Partei dazu aussieht, bräuchte es noch weiterführende Infos. Zum Beispiel lässt sich auf Grundlage des Plakats nichts darüber sagen, ob/wie/warum ..."

____

____

____

____

____

8. Lies folgende kritische Aussagen zu Wahlplakaten (linke Spalte) und ordne ihnen jeweils einen passenden Slogan (rechte Spalte) zu.

Kritische Aussagen	Slogans
„Es wird durch Wahlplakate mit Idealvorstellungen geworben. Aber in der Realität sieht es ganz anders aus: Nachdem selten eine Partei so viele Stimmen hat, um allein regieren zu können, müssen Kompromisslösungen gemeinsam mit anderen Parteien gefunden werden. Die unterschiedlichen Parteien vertreten aber viele verschiedene Interessen. Ideen einer Partei können also selten zu 100 Prozent umgesetzt werden."	**„Unsere wichtigen Themen sind vielleicht gar nicht Ihre wichtigen Themen!"**
„Auf Wahlplakaten steht zumeist nur eine Person im Vordergrund. Das sorgt für ein falsches Bild von Politik, denn es ist Blödsinn, dass eine Person in der Politik alle Entscheidungen trifft, selbst wenn sie noch so mächtig ist."	**Es ist unrealistisch, dass wir unsere Forderungen zu 100% umsetzen können. Das sollten Sie bedenken!**
„Parteien wählen ja nicht die Themen aus, die für die gesamte Bevölkerung gerade wichtig sind, sondern jene Themen, die sie in einem möglichst guten Licht erscheinen lassen. Politik wird dadurch zu einer Show-Veranstaltung."	**„Ich bin zwar die Spitzenkandidatin, aber Politik ist keine One-Woman-Show."**

Nun ergänze die Plakate, indem du zusätzliche Slogans in ihnen anbringst, die verhindern sollen, dass falsche Vorstellungen entstehen.

Du kannst entweder die drei vorgeschlagenen Slogans verwenden oder dir eigene ausdenken. Tipp: Ergänze Slogans hinsichtlich der genannten Kritikpunkte in den Wahlplakaten z.B. als Sprechblasen, Kleingedrucktes, Graffiti.

Begründe, warum du das Plakat auf diese Art verändert hast und nicht anders:

____

____

____

____

3.2 PLAKATERSTELLUNG UND ANSCHLIESSENDE PLAKATANALYSE

Während Abschnitt 3.1 im Zeichen der Plakatanalyse stand, rückt in diesem Abschnitt die Plakaterstellung in den Fokus. Lernende sind zunächst angehalten, ein Wahlplakat aus der Perspektive einer bestimmten Partei zu erstellen (Schritt 1). Dadurch eröffnen sich neue Blickwinkel auf politische Werbung im Allgemeinen und das Medium Wahlplakat im Besonderen. Die erstellten Plakate werden in der Folge für eine weiterführende Analyse herangezogen (Schritt 2). Das Augenmerk liegt in diesem Fall auf dem Phänomen Populismus. Selbstverständlich ist es auch möglich, ausschließlich Schritt 1 durchzuführen.

Im Rahmen von Schritt 1 werden die Lernenden in fünf Kleingruppen eingeteilt. Die Gruppen sind aufgefordert, temporär in die Rolle von professionellen Politikberater*innen zu schlüpfen und für die zugewiesene (fiktive) Partei ein Wahlplakat zu entwickeln (siehe Kopiervorlage 2). Durch den Ansatz, mit fiktiven Parteien zu arbeiten, soll verhindert werden, dass subjektive parteipolitische Sympathien dem erforderlichen Perspektivenwechsel im Wege stehen. Die gewählten Parteinamen deuten dennoch Bezüge zu existierenden Parteienfamilien an: „Partei der Tradition“ (christdemokratisch), „Partei der Arbeit“ (sozialdemokratisch), „Partei der Grenzen“ (rechtspopulistisch), „Partei der Möglichkeiten“ (liberal) und „Partei der Nachhaltigkeit“ (grün).

Schritt 1 sieht als Arbeitsmaterial unterschiedliche Plakat-Elemente vor (siehe Kopiervorlage 3). Diese sind als cartoonartige Illustrationen gestaltet. Zentrale Spezifika von Wahlplakaten sollen dadurch besonders deutlich hervortreten. Die Lernenden sind angehalten, diese Elemente nach dem Baukastenprinzip zu einem aussagekräftigen Plakat zusammenzusetzen. Die jeweilige Programmatik der zugewiesenen Partei wird ihnen als didaktisch reduziertes „Parteiprogramm“ zur Verfügung gestellt. Ebenso erhalten sie eine realitätsnahe Handlungsanweisung. Bei der Plakatgestaltung können sie zwischen (1) unterschiedlichen Kandidat*innen in variierenden Posen[4] sowie (2) verschiedenen Hintergründen, (3) Parteisymbolen und (4) Slogans wählen. Der Slogan kann unter Nutzung freier Textflächen auch selbst formuliert werden.

Bei der Zusammensetzung der Elemente haben die Lernenden prinzipiell freie Hand. Lehrpersonen sind gut beraten, sich in dieser Phase zurückzunehmen, sollten bei der Präsentation und Diskussion der Arbeitsergebnisse bei Bedarf aber als Korrektiv wirksam werden. Dabei gilt es zu prüfen, ob das Plakat in inhaltlicher wie ästhetischer Hinsicht zur Partei mit ihrem Programm und ihren Zielgruppen passen kann. Das Material ermöglicht zwar zahlreiche plausible Kombinationsvarianten, allerdings sind nicht alle Elemente beliebig kombinierbar. So wäre es z. B. wenig plausibel, für die „Partei der Nachhaltigkeit“ einen Hintergrund zu wählen, der symbolisch für „Law-and-Order“-Politik steht. Ebenso wenig plausibel wäre es, die rechtspopulistische „Partei der Grenzen“ mit einem linksalternativ anmutenden Spitzenkandidat*innen und mit Windrädern zu kombinieren oder einen wirtschaftsliberalen Slogan mit der „Partei der Arbeit“ zu verknüpfen.

Schritt 2 sieht vor, die entwickelten Plakate innerhalb der Klasse auszutauschen. Jede Gruppe sollte das Plakat einer anderen Gruppe im Hinblick auf Populismus kriteriengeleitet analysieren. Arbeitswissen zu Begriff und Merkmalen von Populismus wird bereitgestellt (siehe Kopiervorlage 4). Die Aufgabenstellung folgt einem Dreischritt. Als Hilfestellung können einzelne Tippkarten angeboten werden. Vordergründiges Ziel dieser Sequenz ist es, den analytischen Blick auf Wahlplakate weiter zu schärfen. Darüber hinaus zielt dieser Unterrichtsvorschlag darauf ab, ein differenziertes Populismus-Verständnis anzubahnen. Ein solches Verständnis unterscheidet zwischen Populismus als Stil und Populismus als Ideologie (Buchberger, 2019b, S. 7–9; Jörke/Selk, 2017, S. 80–81) sowie zwischen unterschiedlichen Ausprägungsgraden (siehe Infobox zum Thema).

Die Schüler*innen sollen im Rahmen dieser Sequenz (1) feststellen, ob das zugeteilte Plakat populistische Merkmale aufweist, (2) einschätzen, wie stark die jeweiligen Merkmale auf dem Plakat ausgeprägt sind sowie (3) beurteilen, inwiefern das Plakat letzt-

4 Die Zeichnungen der Politikerinnen und Politiker orientieren sich an aktuellen Wahlplakaten aus Deutschland und Österreich. Wiewohl einige Kategorien von Diversität bei der Gestaltung der Figuren berücksichtigt wurden, werden diese nicht ansatzweise der gesellschaftlichen Pluralität gerecht. Damit die Figuren nicht zu platten und unhinterfragten Stereotypen von Politikerinnen und Politikern werden, wird ausdrücklich empfohlen, deren grafische Gestaltung hinsichtlich Diversitätskategorien – Geschlecht, Alter, ethnische Herkunft, sexuelle Orientierung, Religion und Weltanschauung, Behinderungen und Beeinträchtigungen, soziale Herkunft – in den Mittelpunkt zu rücken und z. B. Schüler*innen anzuleiten zu fragen, welche Merkmale von Diversität in der Figurenzeichnung berücksichtigt wurden und welche nicht. Dabei gilt es zu bedenken, dass manche Kategorien auch unsichtbar bleiben können. Ebenso kann in diesem Zusammenhang die kontroverse Frage in den Blick genommen werden, inwiefern Politikerinnen und Politiker als Gruppe die Zusammensetzung der Bevölkerung widerspiegeln sollten (siehe z. B. der Unterrichtsvorschlag von Ammerer, 2012).

endlich als populistisch bezeichnet werden kann. Schüler*innen sollen dadurch auch lernen, fachlich begründbare Unterscheidungen zwischen einem unproblematischen und einem problematischen Populismus vorzunehmen. Als Hilfsmittel wird ihnen – in Anlehnung an einen Vorschlag von Bramann (2018, S. 54–55) – ein „Populismeter" zur Verfügung gestellt. Dieses Tool macht durch die jeweilige Position des Zeigers deutlich, dass Populismus für die politische Kultur einer Demokratie auch gefährlich sein kann, speziell im Kontext von „Schwarzmalerei" und „Feindbilder". Für weniger leistungsstarke Schüler*innen stehen in diesem Rahmen optional einsetzbare Tipp-Karten zur Verfügung.

Methodische Umsetzungsmöglichkeiten

1. Vorstrukturierte Variante (geringerer Schwierigkeitsgrad)

Jeder Gruppe werden (a) alle acht Hintergründe, (b) die drei Kandidat*innen-Seiten der jeweiligen Partei sowie (c) die jeweils dazugehörige Slogan- und Symbol-Seite ausgegeben (siehe Markierung in der Kopfzeile).

Die Herausforderung für die Schüler*innen besteht in erster Linie darin, die Passung unterschiedlicher Hintergründe und Symbole einerseits mit einer parteispezifischen Auswahl an Kandidat*innen und Slogans andererseits zu beurteilen. Die Kombinationsmöglichkeiten sind in dieser Variante eingeschränkt und die Wahrscheinlichkeit für eine inadäquate Zusammenstellung ist dadurch verringert, jedoch sind durchaus unterschiedlich plausible Kombinationen realisierbar. Wenn z. B. der Windräder-Hintergrund mit den Slogans der „Partei der Nachhaltigkeit" kombiniert werden soll, ist ein Slogan zu Energie, Umwelt oder Natur passender als ein Slogan zu Menschrechten. In Kombination mit den zur Verfügung stehenden Slogans wäre in diesem Fall das Symbol eines Zaunes weniger plausibel als das Symbol der Weltkugel.

Die zu bewältigenden Hürden für Schüler*innen sind zwar durch die vorgenommene Zuordnung von Kandidat*innen und Slogans zu den jeweiligen Parteien weniger hoch, es handelt sich aber trotzdem, gerade für jüngere Lernende, um eine angemessene Herausforderung.

2. Offene Variante (höherer Schwierigkeitsgrad)

Jeder Gruppe werden alle Materialen ausgeteilt. Diese umfassen a) die acht Hintergründe, b) alle Kandidat*innen-Seiten sowie c) alle Slogan- und Symbol-Seiten. Die in der Kopfzeile der Seiten zu findende Zuordnung der Kandidat*innen und Slogans zu den einzelnen Parteien muss in dieser Variante durch Wegschneiden entfernt werden.

Die Herausforderung für die Schüler*innen besteht darin, die Passung aller Plakatelemente in ihren vielfältigen Kombinationsmöglichkeiten zu beurteilen. Es gibt folglich eine Fülle plausibler Kombinationsmöglichkeiten, gleichzeitig ist die Wahrscheinlichkeit für eine weniger passende Zusammenstellung der Plakatelemente hoch. Die Schüler*innen müssen sich etwa der Frage widmen, welche Kandidat*innen am besten das Parteiprogramm repräsentieren können. Ebenso gilt es, die zur jeweiligen Partei passende Slogan-Seite zu identifizieren, wenngleich eine Kombination mit Slogans anderer Parteien prinzipiell nicht ausgeschlossen ist. Außerdem müssen je nach gewähltem Slogan Hintergründe und Symbole auf plausible Art und Weise kombiniert werden.

Die zu bewältigenden Hürden für Schüler*innen sind bei dieser Variante nicht zu unterschätzen, aber es kann sich dabei, gerade für ältere und besonders leistungsstarke Lernende, um eine reizvolle Herausforderung handeln.

Wahlplakate selbst gestalten (Aufgaben)

Findet euch zunächst in fünf Teams ein. Jedes Team erhält von der Lehrperson eine erfundene Partei zugeteilt. Ebenso werden das Parteiprogramm und eine Anweisung des Parteivorstands verteilt.

*Stellt euch folgende Situation vor: Ihr arbeitet als Politikberater*innen für die zugeteilte Partei. Es herrscht Wahlkampf. Bis zur Wahl sind es nur noch wenige Wochen. Eure Umfragewerte sind schlecht. Ziel ist es, vor der Wahl ein Plakat zu veröffentlichen, das nochmals deutlich zum Ausdruck bringt, wofür die Partei steht und warum sie gewählt werden soll.*

1. **Lest euch zunächst die Anweisung des Parteivorstands und das Parteiprogramm (Kopiervorlage 2) aufmerksam durch. Plant dann, wie das Wahlplakat aussehen soll und welche Botschaft damit vermittelt werden soll.**

2. **Entwickelt nun ein Wahlplakat. Hierfür stehen euch unterschiedliche Elemente (Kopiervorlage 3) zur Verfügung (Politiker*innen in unterschiedlichen Posen, Hintergründe, Parteisymbole, Text-Slogans). Wählt jene Elemente aus, die zur zugewiesenen Partei passen und setzt diese zu einem aussagekräftigen Plakat zusammen. Ihr könnt entweder selbst einen passenden Slogan formulieren oder auf einen der vorgefertigten Slogans zurückgreifen.**

   Beachtet: Nicht alle Elemente passen zusammen! Um erkennen zu können, welche Elemente zur zugewiesenen Partei passen, ist es wichtig, die Anweisung durch den Parteivorstand und das Parteiprogramm aufmerksam zu lesen.

3. **Präsentiert euer fertiges Wahlplakat den anderen Gruppen und achtet auf folgende Punkte:**
   - Erklärt, warum das Plakat genau so gestaltet wurde und nicht anders.
   - Begründet, warum ihr euch für a) die Kandidatin oder den Kandidaten, b) die Pose, c) den Hintergrund, d) das Partei-Symbol sowie e) den Slogan entschieden habt.
   - Legt dar, wie die Anweisung durch den Parteivorstand und das Parteiprogramm eure Entscheidungen beeinflusst haben.

4. **In Einzelarbeit: Denke nun individuell über deinen eigenen Lernprozess nach. Reflektiere, wie sich deine Vorstellungen zu Wahlplakaten durch die Plakatgestaltung verändert haben. Formuliere Schlussfolgerungen, die du daraus ziehst.**

   Folgende Textbausteine können dir dabei helfen:
   - *Bei der Gestaltung des Wahlplakates war für mich neu, dass…*

   ____

   ____

   - *Meine Vorstellungen über politische Werbung haben sich verändert. Mir ist jetzt klar, dass ...*

   ____

   ____

   - *Wenn ich in Zukunft ein Wahlplakat sehe, dann ...*

   ____

   ____

   - *In der kritischen Beschäftigung mit Wahlplakaten ist es wichtig, dass…*

   ____

   ____

Wahlplakate selbst gestalten (Materialien)

Partei der Arbeit – Programm

- ⊗ Gleiche Chancen für alle sind uns wichtig – egal ob Mann oder Frau, egal woher jemand kommt.
- ⊗ Wir kümmern uns um das Thema Arbeit. Dabei muss stets der Mensch im Mittelpunkt stehen – und nicht die Wirtschaft.
- ⊗ Ein gutes Miteinander und ein gutes soziales Netz sind uns ebenso wichtig wie der kostenlose Zugang zu Gesundheitsversorgung und Bildung.
- ⊗ Damit es allen gut gehen kann, müssen diejenigen, die mehr verdienen oder mehr besitzen, mehr beitragen (z.B. höhere Steuern zahlen).

Partei der Arbeit - Anweisung des Parteivorstands:

„Uns geht es um jene Leute, die es nicht leicht haben im Leben. Menschen, die hart arbeiten und trotzdem wenig Geld haben. Menschen, die auf Unterstützung durch den Staat angewiesen sind. Für sie wollen wir uns einsetzen und keinesfalls für die Reichen. Wir wollen im Wahlkampf deutlich machen, dass es ein gutes Leben für alle nur mit unserer Partei geben kann."

Partei der Tradition – Programm

- ⊗ Traditionelle Werte sind uns wichtig, allen voran die christliche Religion, die traditionelle Familie und das private Eigentum.
- ⊗ Unsere Politik ist auf Beständigkeit ausgerichtet – wir wollen Zukunft gestalten, aber auch Traditionen wahren und Gutes erhalten.
- ⊗ Wir wollen keinen Staat, der sich zu stark einmischt. Regeln sind nur dort wichtig, wo Bewährtes erhalten werden soll.
- ⊗ Arbeit und Leistung müssen sich lohnen – diejenigen, die mehr leisten, sollen auch mehr vom Wohlstand haben.

Partei der Tradition - Anweisung des Parteivorstands

„Uns geht es um jene Leute, die in ihren Berufen viel leisten. Menschen, die durch Steuern und Leistung dafür sorgen, dass dieses Land gut funktioniert. Für sie wollen wir uns einsetzen. Wir wollen im Wahlkampf deutlich machen, dass Leistung vom Staat belohnt werden soll und traditionelle Werte auch in Zukunft zentral sein müssen."

Partei der Möglichkeiten – Programm

- ⊗ Unser Ziel ist eine neue Politik der größtmöglichen Freiheit.
- ⊗ Wir setzen auf individuelle Leistungsbereitschaft und Verantwortung für das eigene Leben anstatt auf Hilfe durch den Staat.
- ⊗ Der Einfluss des Staates soll auf ein Minimum reduziert werden. Die Steuern müssen so niedrig wie möglich sein.
- ⊗ Wir wollen eine Gesellschaft, in der jede und jeder durch Leistung bis ganz nach oben aufsteigen kann – unabhängig davon, ob arm oder reich, egal woher jemand kommt.

Partei der Möglichkeiten - Anweisung des Parteivorstands

„Uns geht es um jene Leute, die dieses Land mit Unternehmergeist und Leistungsbereitschaft voranbringen wollen. Für sie wollen wir uns einsetzen. Wir wollen im Wahlkampf deutlich machen, dass es Aufstiegschancen und Zukunftsorientierung nur mit unserer Partei gibt. Es muss klar werden, dass sich sowohl Mensch als auch Wirtschaft am besten ohne staatliche Einmischungen frei entfalten können."

Partei der Nachhaltigkeit – Programm

- ⊗ Nachhaltigkeit steht bei uns an erster Stelle. Wir stehen für eine Politik des Gleichgewichts zwischen Menschen und Natur.
- ⊗ Klimaschutz und Wohlstand gehören zusammen, weshalb wir unsere Wirtschaft umweltfreundlicher machen wollen.
- ⊗ Die Menschenrechte sind für uns die Grundlage für alles. Alle Menschen sollen sich ohne Diskriminierung frei entfalten können.
- ⊗ Wir wollen eine Demokratie, in die sich möglichst viele Menschen aktiv einbringen können.

Partei der Nachhaltigkeit - Anweisung des Parteivorstands

„Uns geht es um jene Leute, die der Umweltzerstörung endlich ein Ende setzen wollen. Menschen, denen Nachhaltigkeit einfach wichtig ist. Für sie wollen wir uns einsetzen. Wir wollen im Wahlkampf außerdem auch deutlich machen, dass nur unsere Partei kompromisslos für die Menschenrechte und gegen Diskriminierung und Benachteiligung einsteht."

Partei der Grenzen – Programm

- ⊗ Für uns steht die hier geborene Bevölkerung an erster Stelle. Fremde müssen sich an Sprache und Kultur der Mehrheit anpassen.
- ⊗ Unsere Heimat ist kein Zuwanderungsland. Wir wollen deshalb einen Zuwanderungsstopp für Personen aus Nicht-EU-Staaten.
- ⊗ Der Staat soll nicht nur denen dienen, die ohnehin schon genug haben - sondern auch den kleinen Leuten.
- ⊗ Ordnung und Sicherheit sind uns wichtig. Militär und Polizei haben für uns deshalb einen besonders hohen Stellenwert.

Partei der Grenzen - Anweisung des Parteivorstands

„Uns geht es um jene Leute, die stolz sind auf unser Land und Zuwanderung beschränken wollen. Für sie wollen wir uns einsetzen. Wir wollen im Wahlkampf deutlich machen, dass es den Schutz unserer Kultur und Sicherheit auf unseren Straßen nur mit unserer Partei gibt. Außerdem sollte klar werden, dass wir auf der Seite der kleinen Leute stehen – und nicht auf der Seite der Eliten."

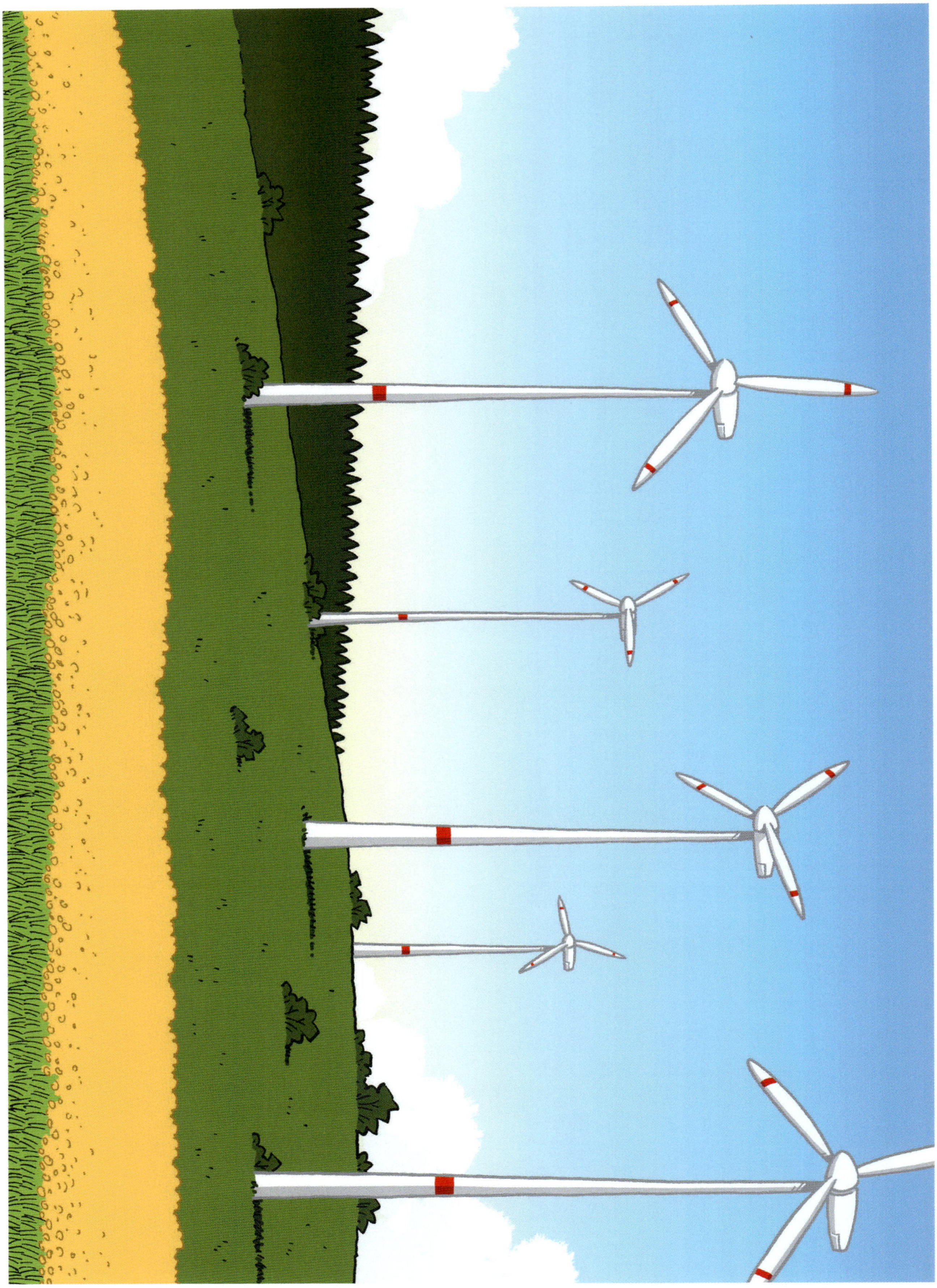

Buchberger, W./Hummer, R. (2023). Wahlplakate im Politikunterricht. Frankfurt/M.: Wochenschau. – Eine Vervielfältigung für unterrichtliche Zwecke ist gestattet.

Buchberger, W./Hummer, R. (2023). Wahlplakate im Politikunterricht. Frankfurt/M.: Wochenschau. – Eine Vervielfältigung für unterrichtliche Zwecke ist gestattet.

Achtung
Staatsgrenze

Buchberger, W./Hummer, R. (2023). Wahlplakate im Politikunterricht. Frankfurt/M.: Wochenschau. – Eine Vervielfältigung für unterrichtliche Zwecke ist gestattet.

Freiheit statt Vorschrift.

Selbst Verantwortung übernehmen.

Grünes Licht für unsere Leistungsträger.

Hohe Steuern bremsen die Wirtschaft.

Für Leistung und Unternehmergeist.

Ein Land der Möglichkeiten für alle.

X Partei der Möglichkeiten

X Partei der Grenzen

X Partei der Nachhaltigkeit

X Partei der Arbeit

X Partei der Tradition

Grenzen schützen. Heimat bewahren.

Zuwanderungsstop jetzt!

Unser Land. Unsere Kultur. Unsere Regeln.

Deinetwegen!

An der Seite der kleinen Leute.

Tüchtigkeit muss sich wieder auszahlen.

X Partei der Möglichkeiten

X Partei der Grenzen

X Partei der Nachhaltigkeit

X Partei der Arbeit

X Partei der Tradition

Buchberger, W./Hummer, R. (2023). Wahlplakate im Politikunterricht. Frankfurt/M.: Wochenschau. – Eine Vervielfältigung für unterrichtliche Zwecke ist gestattet.

Saubere Energie. Saubere Politik.

Für Mensch und Natur.

Offene Türen, neue Wege.

Menschenrechte jetzt!

Umweltfreundliche Wirtschaft.

Unserer Natur zuliebe.

✗ Partei der Möglichkeiten

✗ Partei der Grenzen

✗ Partei der Nachhaltigkeit

✗ Partei der Arbeit

✗ Partei der Tradition

Keine Experimente.

Weil es gut ist, wie es ist.

Unser Auftrag: Gutes bewahren.

Für unsere Familien!

Leistung muss belohnt werden.

Für unsere Fleißigen!

X Partei der Möglichkeiten

X Partei der Grenzen

X Partei der Nachhaltigkeit

X Partei der Arbeit

X Partei der Tradition

Unser Auftrag: Ein gutes Leben für alle.

Weil es um den Menschen geht.

Echte Gerechtigkeit.

Die Reichen zur Kasse bitten.

Gleiche Chancen für alle.

Nur zusammen sind wir stark!

X Partei der Möglichkeiten

X Partei der Grenzen

X Partei der Nachhaltigkeit

X Partei der Arbeit

X Partei der Tradition

Wahlplakate hinsichtlich Populismus analysieren (Aufgaben)

Findet euch in den bestehenden fünf Teams ein. Ihr erhaltet nun das Wahlplakat eines anderen Teams, um dieses zu analysieren. Analysiert dieses Plakat mit speziellem Augenmerk auf das Phänomen Populismus. Lest dazu die entsprechende Infobox sowie die Informationen zum „Populismeter" genau durch.

1. **Ordnet die fünf Merkmale populistischer Politik dem Plakat zu (siehe Infobox). Welche dieser Merkmale kommen am Plakat vor? Welche nicht? Beschreibt in ganzen Sätzen, an welchen Stellen ihr solche Ansätze erkennen könnt.**

Hinweis: Ihr könnt hierfür auch auf Tippkarten zurückgreifen, die ihr von der Lehrperson bekommt. Diese können euch beim Finden entsprechender Stellen oder bei der Formulierung helfen.

O Vereinfachung ______________________________

O Schwarzmalerei ______________________________

O Feindbilder ______________________________

O Einseitige Darstellung ______________________________

O Identifikation ______________________________

2. **Zieht das „Populismeter" (siehe Infobox) heran. Analysiert nun, wie stark Populismus im Plakat ausgeprägt ist.**

O gar nicht O ansatzweise O übertrieben O gefährlich

3. **Nehmt eine abschließende Einordnung des Plakats vor. Beurteilt, ob ihr das Plakat insgesamt als populistisch bezeichnen würdet oder nicht. Nehmt dabei auch Bezug auf die Unterscheidung zwischen Populismus als Stil und Populismus als Denkweise.**

Folgende Textbausteine könnten euch dabei helfen:

- Für eine Einordnung des Plakats als populistisch spricht, dass ... ____________________
- Gegen eine Einordnung des Plakats als populistisch spricht, dass ... ____________________
- Besonders sticht bei diesem Plakat ins Auge, dass ... ____________________
- An diesem Punkt zeigt sich, dass ... ____________________
- Insgesamt lässt sich festhalten, dass ... ____________________

Populismus verstehen und erkennen (Materialien)

Infobox: Populistische Politik – was ist das überhaupt?

Populismus kommt vom lateinischen Wort populus (= das „Volk“) und bezeichnet eine „volksnahe“ Politik. Eine solche Art von Politik drückt sich entweder als ein bestimmter politischer Stil oder als eine bestimmte politische Denkweise aus. In der Praxis kann auch beides gleichzeitig der Fall sein.

Populismus als politischer Stil bezeichnet eine bestimmte Art, wie sich Politiker*innen selbst darstellen. Dazu gehört z.B. volksverbundenes Auftreten, ungezwungene Kleidung oder Verwendung von Alltagssprache. Man will jemand sein, der oder die sagt, „was die Leute wirklich denken“. Dadurch will sich ein Politiker bzw. eine Politikerin vom gewohnten Berufsbild abgrenzen. Man möchte von den Wähler*innen als „einer von ihnen“ bzw. „eine von ihnen“ gesehen werden. Populismus ist hier ein Versuch, möglichst gut anzukommen und Aufmerksamkeit zu erregen.

Populismus als politische Denkweise bezeichnet eine bestimmte Vorstellung von Politik. Diese Denkweise geht davon aus, dass es zwischen dem einfachen „Volk“ und der politischen „Elite“ (= Abgeordnete, Parteien) einen großen Gegensatz gibt. Man tut so, als ob die etablierten Parteien und ihre Vertreter*innen das ‚einfache Volk‘ und seine Interessen gar nicht richtig repräsentieren würden. Nach dieser Denkweise würden nur die Populist*innen selbst „das Volk“ vertreten. Diese Denkweise ignoriert, dass es eigentlich gar kein einheitliches „Volk“ gibt - und auch keine einheitliche „Elite“. In beiden Fällen handelt es sich um populistische Erfindungen. Populismus als Denkweise beruht häufig auf Freund-Feind-Denken, das sich auch gegen Minderheiten (z.B. Ausländer*innen, Homosexuelle oder auch Millionär*innen) richtet. Diese Minderheiten würden nicht zum „wahren Volk“ gehören. Populist*innen schieben diesen Minderheiten oft die alleinige Schuld für Probleme in die Schuhe.

Das „Populismeter“ als Werkzeug zur Analyse (in Anlehnung an Bramann, 2018)

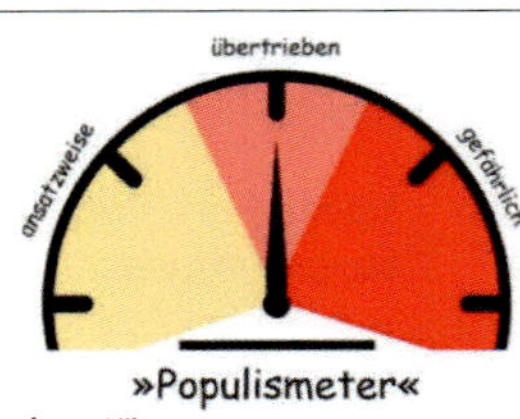

Der Begriff Populismus wird in der Politik häufig verwendet, um Gegner*innen darzustellen. Um sich selbst ein Bild davon machen zu können, ob jemand tatsächlich „populistisch“ handelt, ist es wichtig, zwischen verschiedenen Ausprägungen von Populismus zu unterscheiden. Das „Populismeter“ kann dabei helfen, anhand von fünf Merkmalen zu erkennen, ob es sich eher um „ansatzweisen“, „übertriebenen“ oder gar „gefährlichen“ Populismus handelt. Wie die Position des Zeigers deutlich macht, ist Populismus vor allem dann gefährlich, wenn dabei Ängste befeuert werden („Schwarzmalerei“) und wenn dabei gegen bestimmte Gruppen gehetzt wird („Feindbilder“).

Vereinfachung

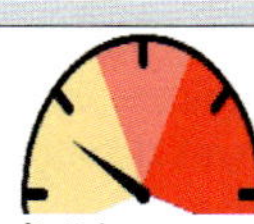

Komplizierte Dinge werden sehr stark vereinfacht dargestellt. Für Probleme mit vielfältigen Ursachen (z.B. Armut, Kriminalität) werden einfache Lösungen angeboten (z.B. höhere Steuern für Firmen = weniger Armut; mehr Polizei = größere Sicherheit).

Einseitige Darstellung

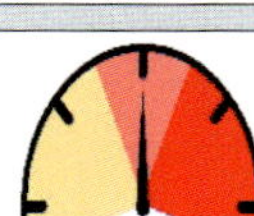

Langfristige Politik-Folgen werden bewusst verschwiegen (z.B. hohe Kosten von bestimmten Maßnahmen). Wissenschaftliche Erkenntnisse werden nur dann als wichtig erachtet, wenn sie die eigene Meinung unterstützen – ansonsten werden sie ignoriert oder infrage gestellt.

Schwarzmalerei

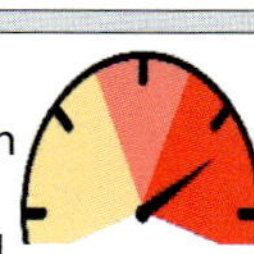

Gegenwärtige Zustände oder Entwicklungen werden als übertrieben negativ dargestellt (z.B. „unser Planet ist am Ende“). Häufig wird dabei Angst vor der Zukunft gemacht und eine Bedrohung aufgebaut (z.B. „die anderen nehmen uns die Arbeit weg“).

Identifikation

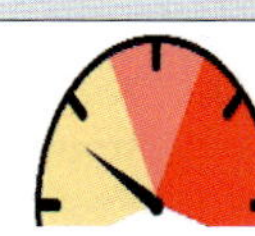

Ein gemeinsames „Wir-Gefühl“ wird erzeugt, das Menschen mit bestimmten Interessen und Eigenschaften verbinden soll (z.B. als Deutsche oder als Österreicher*innen). Ausgeklammert bleiben dabei bestehende Interessensgegensätze innerhalb dieser Gemeinschaft (z.B. zwischen Älteren und Jüngeren oder zwischen Arbeitnehmer*innen und Arbeitergeber*innen).

Feindbilder

Eine oder mehrere Gruppen werden für schlechte Zustände oder Probleme alleinverantwortlich gemacht. Beliebte populistische Feindbilder sind z.B. andere Parteien (z.B. „die politischen Eliten“), Unternehmer*innen (z.B. „die Reichen“), traditionelle Medien (z.B. „Lügenpresse“), Minderheiten (z.B. „die Ausländer“) oder politisch Andersdenkende („die Gutmenschen“, „die Schwurbler“).

Tipp-Karten (optionale Hilfestellung, in Anlehnung an Bramann, 2018)

TIPP Formulierung (Vereinfachung)	**TIPP Belegstellen finden** (Vereinfachung)
Das Plakat stellt politische Inhalte grob vereinfacht dar. So wird z.B. so getan, als ob ________	Achte besonders auf Stellen, bei denen alles sehr einfach und schlüssig klingt und überlege dann, ob damit eigentlich komplizierte Dinge gemeint sind. Vielleicht werden auch sehr einfache Lösungen für zuvor angeführte Probleme angeboten.

TIPP Formulierung (Identifikation)	**TIPP Belegstellen finden** (Identifikation)
Das Plakat erzeugt ein gemeinsames „Wir-Gefühl". Gleichzeitig schließt das Plakat aber auch manche Gruppen von diesem „Wir" eher aus, wie zum Beispiel ________	Achte auf Formulierungen, die häufig das Wort „wir" oder „unser" enthalten. Macht das Plakat auch deutlich, wer nicht dazu gehört? Finden sich auch Bildelemente, die auf die Herstellung einer solchen „Wir"-Gruppe abzielen?

TIPP Formulierung (Einseitige Darstellung)	**TIPP Belegstellen finden** (Einseitige Darstellung)
Das Plakat stellt Dinge einseitig dar. Dabei wird so getan, als ob ________ . Es wird nicht näher darauf eingegangen, dass / ob ________	Achte auch auf Stellen, an denen Dinge gesagt werden, die dir nicht ganz richtig vorkommen. Wo verschweigt die Partei vielleicht wichtige Folgen ihrer Forderungen? Wo werden möglicherweise Unwahrheiten verbreitet?

TIPP Formulierung (Schwarzmalerei)	**TIPP Belegstellen finden** (Schwarzmalerei)
Am Plakat wird ein übertrieben negatives Bild gezeichnet. Das zeigt sich durch Formulierungen wie ________ oder durch Bildelemente wie ________ . Damit wird vermutlich die Absicht verfolgt, ________	Achte darauf, ob die Gegenwart oder Zukunft als sehr schlecht oder sogar gefährlich dargestellt wird. Häufig werden für solche Übertreibungen gezielt negative Wörter oder Bilder verwendet.

TIPP Formulierung (Feindbilder)	**TIPP Belegstellen finden** (Feindbilder)
Am Plakat werden bewusst Feindbilder geschaffen, indem ________ als besonders negativ oder gefährlich dargestellt werden. Außerdem wird ________ die Schuld an vielen Problemen gegeben.	Achte auf Stellen, an denen andere Menschen oder Gruppen als sehr schlecht oder gefährlich dargestellt werden. Häufig wird diesen Menschen auch die alleinige Schuld für zuvor beschriebene Probleme gegeben.

3.3 FOLLOW-UP-AKTIVITÄT: ERSTELLEN EINER POLITISCHEN REDE UND VERGLEICH

Der dritte Abschnitt versteht sich als optionale Follow-Up-Aktivität, die direkt an Abschnitt 3.2 anknüpft. Die Lernenden arbeiten dabei in den bestehenden Teams. Abermals sind sie angehalten, die Perspektive der zugewiesenen (fiktiven) Partei einzunehmen. Ziel ist es, sich zu einem vorgegebenen politischen Sachverhalt plausibel zu positionieren und eine dementsprechende Rede zu verfassen. Als Material steht neben dem „Parteiprogramm" (siehe Kopiervorlage 2) ein Arbeitswissen zum Sachverhalt zur Verfügung (Kopiervorlage 5). Lehrpersonen sollte bewusst sein, dass keineswegs jede Position zu jeder Partei passt. So wäre es in Hinblick auf die jeweilige Programmatik wenig plausibel, wenn z. B. die „Partei der Nachhaltigkeit" Position 1 oder die „Partei der Grenzen" Position 2 einnehmen würde. In solchen Fällen ist die Lehrperson bei der Präsentation der Arbeitsergebnisse aufgefordert, als Korrektiv in Erscheinung zu treten.

Im darauffolgenden Schritt gilt es, die Reden mit den zuvor entwickelten Plakaten zu vergleichen. Schüler*innen sollen dadurch den Einfluss der medialen Form auf die kommunizierten Inhalte erkennen. Ihnen sollte bewusstwerden, dass jedes Medium einer ganz bestimmten Spezifik unterliegt. Ein Wahlplakat ermöglicht zwar Breitenwirksamkeit, erlaubt jedoch – anders als das Medium Rede – wenig inhaltlichen Tiefgang. Durch den direkten Vergleich von Wahlplakat und Rede sollen diese Unterschiede deutlich werden. Dadurch wird das Medium selbst zum politischen Lerngegenstand. Mediale Momente und fachliches Denken verbinden sich an dieser Stelle.

Die hier vorgeschlagene Follow-Up-Aktivität basiert auf einem Unterrichtsvorschlag von Hummer und Mörwald (2020), der für diese Zwecke modifiziert wurde. Diesem liegt die Idee zugrunde, den Themenkomplex Wahlen und Wähler*innen unter Berücksichtigung von Exklusionsmechanismen problemorientiert in den Blick zu nehmen. Fragen des staatsbürgerschaftsbedingten Wahlrechtsausschlusses stehen im Zentrum jenes Sachverhalts, zu dem es eine politische Positionierung zu entwickeln gilt. Schüler*innen sind dadurch angehalten, sich mit einem Schlüsselproblem demokratischer Gesellschaften im Zeitalter der Globalisierung auseinanderzusetzen. Berechnungen zufolge sind innerhalb der EU mehr als 30 Millionen Menschen in jenem Staat, in dem sie leben, auf nationaler Ebene nicht wahlberechtigt, weil sie ausländische EU-Bürger*innen oder Drittstaatsangehörige sind (Gruber/Walter, 2013, S. 82). In Staaten wie Deutschland oder Österreich besteht zwischen der Wahl- und der Wohnbevölkerung eine Kluft, die sich – aus politikwissenschaftlicher Sicht – auf die Inklusivität demokratischer Systeme auswirkt und Legitimationsfragen aufwirft. Gleichwohl wird die dargelegte Problematik in der politischen Debatte kontrovers diskutiert. Während rechtspopulistische und rechtsliberale Parteien tendenziell am legislativen Status quo festhalten wollen, scheint eine Änderung des Wahl- oder Staatsbürgerschaftsrechts für linke und linksliberale Parteien eher vorstellbar.

Politische Bildung sollte Herausforderungen dieser Art nicht ignorieren, sondern gezielt in den Blick nehmen und einer unterrichtlichen Bearbeitung zuführen. Politikdidaktische Standards wie das Kontroversitätsprinzip sowie die Prinzipien der Adressat*innen-, Problem- oder Konfliktorientierung legen dies jedenfalls nahe. Der vorliegende Unterrichtsvorschlag bietet Möglichkeiten, diesem Anspruch nachzukommen. Politik kann in diesem Rahmen als spannungsreicher Prozess nachvollzogen werden, der von Strukturelementen wie Macht oder Konflikt geprägt ist. Der kontroverse Charakter des Politischen tritt dabei offen hervor, während die Interessens- und Standortgebundenheit von politischen Urteilen deutlich wird. Die Aufgaben zielen aus Sicht des österreichischen Kompetenzmodells auf die Anbahnung von Politischer Urteils- und Handlungskompetenz ab. Für Lehrpersonen ist es im Rahmen der Durchführung empfehlenswert, das eigene Handeln an den Prinzipien des Beutelsbacher Konsenses (siehe Abb. 6) auszurichten. Eine kritisch-analytische Befassung mit dem legislativen Status quo ist aus diesem Blickwinkel selbstverständlich zulässig – solange dabei unterschiedliche Perspektiven berücksichtigt bleiben (Kontroversitätsgebot) und Lernende nicht überrumpelt bzw. indoktriniert werden (Überwältigungsverbot).

Positionen mittels Rede kommunizieren (Materialien und Aufgaben)

Infobox: Wer darf wählen? (nach Hummer & Mörwald, 2020)

Sowohl in Deutschland als auch in Österreich ist der Zugang zum Wahlrecht auf nationaler Ebene (Bundestag bzw. Nationalrat) und auf Bundesländer-Ebene an zwei zentrale Voraussetzungen gebunden: dem Erreichen des wahlfähigen Alters und dem Besitz der deutschen bzw. österreichischen Staatsbürgerschaft. Nur auf kommunaler Ebene sind unter bestimmten Voraussetzungen auch ausländische EU-Bürger*innen wahlberechtigt. Die Frage, ob dauerhaft im Land lebende Ausländer*innen ebenso Zugang zum Wahlrecht auf allen Ebenen erhalten sollen, ist politisch umstritten. In der politischen Debatte können – vereinfacht dargestellt – drei Positionen beobachtet werden:

Position 1: Ausländische Staatsbürger*innen sollten keinen Zugang zum Wahlrecht erhalten. Dieses sollte auch weiterhin nur Deutschen bzw. Österreicher*innen vorbehalten bleiben. Deshalb sollten die aktuell geltenden Regelungen beibehalten werden.

Position 2: Ausländische Staatsbürger*innen sollten Zugang zum Wahlrecht erhalten. Dieses sollte durch Änderung der Verfassung so gestaltet werden, dass alle dauerhaft im Land lebenden Menschen unabhängig von ihrer Staatsbürgerschaft wählen dürfen.

Position 3: Das Wahlrecht sollte unverändert bleiben. Jedoch sollte es für dauerhaft im Land lebende ausländische Staatsbürger*innen leichter werden, die deutsche bzw. österreichischen Staatsbürgerschaft – und damit das Wahlrecht – zu erhalten.

1. Lies dir zunächst die Infobox „Wer darf wählen?" durch. Lies dir dann nochmals das Programm der zugewiesenen Partei durch (Kopiervorlage 2). Achte beim Programm besonders auf jene Formulierungen, die für das Thema der Infobox relevant sein könnten.
2. Arbeite aus diesen beiden Informationsquellen heraus, wie sich die zugewiesene Partei zur Frage der Wahlberechtigung realistischerweise positionieren würde. Entscheide dich für eine Position, die zum Parteiprogramm passt und begründe diese Position anschließend.
3. Erstelle eine kurze Rede (Redezeit: höchstens 2 Minuten), mit der die zugewiesene Partei ihre Position öffentlich kommuniziert und mit Argumenten begründet. Achte darauf, dass die Argumente mit dem Programm der Partei vereinbar sein sollten! Bei Bedarf kannst du hierfür auch das Raster benutzen.
4. Präsentiere die Rede in der Klasse.
5. Vergleiche nun die Rede mit dem vorher entwickelten Plakat derselben Partei. Werte aus, welchen Einfluss das jeweilige Medium auf die kommunizierten Inhalte hat. Achte besonders auf die angebotene Menge an Informationen und Argumenten sowie auf die Zeitspanne, die zum inhaltlichen Erfassen erforderlich ist.
6. Erörtere abschließend, welche Vor- und Nachteile das jeweilige Medium – einerseits das Wahlplakat und andererseits die Rede – für die politische Kommunikation mit sich zieht. Du kannst dafür auch einen der beiden folgenden Textanfänge heranziehen:
   a) „Ich finde, dass es auf Plakaten fast unmöglich ist, gut begründete Argumente vorzubringen. Zumindest indirekt fördern Plakate dadurch Populismus."
   b) „Ich finde, dass kein Medium automatisch Populismus fördert. Sowohl Plakate als auch Reden können zwar populistisch sein, das muss aber nicht zwangsläufig so sein."

Raster für die Gestaltung einer Rede (optionale Hilfestellung)

Parteiname	
Position der Partei	☐ Position 1: keine Änderung der geltenden Regelungen ☐ Position 2: Änderung des Wahlrechts ☐ Position 3: Änderung des Zugangs zur Staatsbürgerschaft
Einführung	Sehr geehrte Damen und Herren! Ich möchten die Gelegenheit nutzen, um zur aktuellen Diskussion der Frage, wer in unserem Land wählen dürfen sollte, die Position der ________________ [Parteiname] darzulegen. Unsere Position ist klar: Wir sind der Meinung, dass es ... ☐ nicht sinnvoll wäre, die geltenden Regelungen zu ändern. ☐ sinnvoll wäre, das Wahlrecht zu ändern. ☐ sinnvoll wäre, das Staatsbürgerschaftsrecht zu ändern.
Begründungen	**Ich möchte unsere Position mit zwei Begründungen verdeutlichen:** ☐ Mit der Staatsbürgerschaft gehen nicht nur Rechte wie das Wahlrecht einher, sondern auch Pflichten wie der Wehrdienst. ☐ Wenn wir das Wahlrecht für alle öffnen, könnten dadurch politische Konflikte aus dem Ausland leichter in unser Land hereingetragen werden. ☐ Es ist ein Widerspruch in sich, wenn ausländische Staatsbürger*innen über die Zukunft unseres Landes entscheiden dürfen. ☐ In unserem Land machen wir Einheimischen die Regeln – und nicht Fremde. Die können gerne in ihrem Land die Regeln machen. ☐ In einer Demokratie sollten alle Menschen gleich behandelt werden. Es ist unfair, vom Menschenrecht auf Mitbestimmung nur wegen der falschen Staatsbürgerschaft ausgeschlossen zu werden. ☐ Alle Menschen, die in diesem Land arbeiten und Steuern zahlen, sollten auch die Möglichkeit haben, politisch mitzubestimmen. ☐ Menschen, die in unserem Land ihren Lebensmittelpunkt haben, sollten auch politisch mitbestimmen können. ☐ Für das Zusammenleben in unserem Land ist es auf Dauer nicht gut, wenn eine zu große Anzahl von Bürger*innen vom Wahlrecht ausgeschlossen ist. ☐ Die Möglichkeit zur politischen Mitbestimmung fördert auch die Integration. Denn wer mitbestimmt, der fühlt sich auch dazugehörig. ☐ EU-Bürger*innen haben jetzt schon das Wahlrecht auf Ebene der Gemeinden und Städte. Nun gilt es das Wahlrecht auch auf die nationale Ebene auszuweiten, um dauerhaft hier lebende Menschen nicht auszuschließen. ☐ ________________________________
Schluss	**Aus all diesen Gründen** ☐ sind wir für eine Beibehaltung der geltenden Regelungen – ohne Wenn und Aber. ☐ sind wir zwar für eine Beibehaltung der geltenden Regelungen, wären aber bereit, unter bestimmten Bedingungen den Zugang zum Erhalt der Staatsbürgerschaft zu erleichtern. Beispielsweise für Menschen, die schon lange im Land leben und besonders gut integriert sind. ☐ sind wir für eine Änderung des Wahlrechts. Wir schlagen vor, das nationale Wahlrecht vom Hauptwohnsitz und einer Mindestaufenthaltsdauer von ... Jahren abhängig zu machen. ☐ sind wir für eine Änderung des Wahlrechts. Wir schlagen vor, das nationale Wahlrecht vom Hauptwohnsitz, einer Mindestaufenthaltsdauer von ... Jahren, strafrechtlicher Unbescholtenheit und sehr guten Deutschkenntnissen abhängig zu machen. ☐ sind wir für eine Änderung der Bestimmungen über den Erwerb der Staatsbürgerschaft. Diese muss für dauerhaft hier lebende und arbeitende Menschen deutlich einfacher als bislang zugänglich sein. ☐ sind wir ________________________

LITERATUR- UND ABBILDUNGSVERZEICHNIS

Achour, S., Frech, S., Massing, P./Straßner, V. (2020a). Methoden für den Politikunterricht. In S. Achour, S. Frech, P. Massing/V. Straßner (Hg.): *Methodentraining für den Politikunterricht* (S. 9–13). Frankfurt/M.: Wochenschau.

Achour, S., Frech, S., Massing, P./Straßner, V. (2020b) (Hg.). *Methodentraining für den Politikunterricht*. Frankfurt/M.: Wochenschau.

Ammerer, H. (2012). „Männlich, Akademiker, 51 Jahre alt, ..." – Das Parlament als Spiegel der Gesellschaft? *Informationen zur Politischen Bildung*, 36, 64–68.

Ammerer, H., Krammer, R., Kühberger, C/Windischbauer, E. (2009). Kompetenzorientierung in der Politischen Bildung. In H. Ammerer, R. Krammer/E. Windischbauer (Hg.), *Politische Bildung Konkret. Beispiele für kompetenzorientierten Unterricht* (S. 5–13). Wien: Edition polis.

Arnold, D./Donges, P. (2020). Medienpolitik in hybriden Mediensystemen. In J. Krone/T. Pellegrini (Hg.), *Handbuch Medienökonomie* (S. 1427–1450). Wiesbaden: Springer VS.

Autorengruppe Fachdidaktik (2017[2]). *Was ist gute politische Bildung? Leitfaden für den sozialwissenschaftlichen Unterricht.* Schwalbach/Ts.: Wochenschau.

Bernhardt, P., Liebhart, K./Pribersky, A. (2019). Visuelle Politik: Perspektiven eines politikwissenschaftlichen Forschungsbereichs. *Österreichische Zeitschrift für Politikwissenschaft*, 48(2), 43–54.

Bernhardt, P./Liebhart, K. (2020). *Wie Bilder Wahlkampf machen.* Wien: Mandelbaum.

Besand, A. (2014a). Medien neu denken. Medien als Chance und Herausforderung für den kompetenzorientierten Politikunterricht. In T. Hellmuth/P. Hladschik (Hg.), *Inhalte, Methoden und Medien in der Politische Bildung* (S. 94–105). Schwalbach/Ts.: Wochenschau.

Besand, A. (2014b). Medienerziehung. In W. Sander (Hg.), *Handbuch Politische Bildung* (S. 366–374). Schwalbach/Ts.: Wochenschau.

Besand, A. (2014c). Mit Bildern lernen: von Foto bis Videoclip. In W. Sander (Hg.), *Handbuch Politische Bildung* (S. 458–464). Schwalbach/Ts.: Wochenschau.

Besand, A. (2020). Politische Bildung unter Druck. Zum Umgang mit Rechtspopulismus in der Institution Schule. *Aus Politik und Zeitgeschichte*, 70(14–15), 4–9.

Besand, A./Sander, W. (2010). Zur Einführung. In A. Besand/W. Sander (Hg.), *Handbuch Medien in der Politischen Bildung* (S. 9–14). Schwalbach/Ts.: Wochenschau.

Bramann, C. (2018). Populismus in politischen Manifestationen erkennen – Ein Unterrichtskonzept für die Sekundarstufe I. *Informationen zur Politischen Bildung*, 43, 54–63.

Breit, G. (2012). Politische Beteiligung durch Politikunterricht? In G. Weißeno,/H. Buchstein (Hg.), *Politisch Handeln. Modelle, Möglichkeiten, Kompetenzen* (S. 242–256). Bonn: Bundeszentrale für politische Bildung.

Buchberger, W. (2019a). Gelebte Demokratie und Demokratiebildung an Schulen. In S. Reitmair-Juárez/K. Stainer-Hämmerle (Hg.), *Demokratie und Wahlrecht als Themen der politischen Bildung* (S. 24–56). Frankfurt/M.: Wochenschau.

Buchberger, W. (2019b). Herausforderung Populismus. Zur Einführung. In W. Buchberger/P. Mittnik (Hg.), *Herausforderung Populismus. Multidisziplinäre Zugänge für die Politische Bildung* (S. 9–23). Frankfurt/M.: Wochenschau.

Buchberger, W., Eigler, N./Kühberger, C. (2020). *Mit Concept Cartoons politisches Denken anregen. Ein methodischer Zugang zum subjektorientierten politischen Lernen.* Frankfurt/M.: Wochenschau.

Chadwick, A. (2017[2]). *The Hybrid Media System: Politics and Power.* New York: Oxford University Press.

Detjen, J. (2011). Keine „demokratischen Märchenerzählungen"! Zur Notwendigkeit eines realistischen Bürgerbildes und zur Faszinationskraft des Aktivbürgers als Leitbild für die politische Bildung. In B. Widmaier/F. Nonnenmacher (Hg.), *Partizipation als Bildungsziel. Politische Aktion in der politischen Bildung* (S. 125–136). Schwalbach/Ts.: Wochenschau.

Detjen, J. (2020). Streit und Konflikte in der Demokratie. In Gegen Vergessen – Für Demokratie e.V. (Hg.), *Konstruktive Kommunikation in der Demokratie. Ein Baustein in der Politischen Bildung* (S. 13–39). Berlin: Gegen Vergessen – Für Demokratie e.V.

Diehl, P. (2016). Demokratische Repräsentation und ihre Krise. *Aus Politik und Zeitgeschichte*, 66(40–42), 12–17.

Donges, P./Jarren, O. (2017[4]). *Politische Kommunikation in der Mediengesellschaft. Eine Einführung.* Wiesbaden: Springer VS.

Dörner, A. (2015). Kontexte: Zur Einbettung der Thematik und zum Stand der Forschung. In A. Dörner, L. Vogt, M. Bandtel/B. Porzelt (Hg.), *Riskante Bühnen. Inszenierung und Kontingenz – Politikerauftritte in deutschen Personality-Talkshows* (S. 25–43). Wiesbaden: Springer VS.

Geise, S. (2011). *Vision that matters. Die Funktions- und Wirkungslogik Visueller Politischer Kommunikation am Beispiel des Wahlplakats.* Wiesbaden: Springer VS.

Geise, S./Kamps, K. (2015). Negative Campaigning auf Wahlplakaten: Konstruktion, Operationalisierung, Wirkungspotenziale. In K.-R. Korte (Hg.), *Die Bundestagswahl 2013: Analysen der Wahl-, Parteien-, Kommunikations- und Regierungsforschung* (S. 343–366). Wiesbaden: Springer VS.

Goll, T. (2013). Zugänge zur Politik über Bilder. In C. Deichmann/C. Tischner (Hg.), *Handbuch Dimensionen und Ansätze in der politischen Bildung* (S. 256–272). Schwalbach/Ts.: Wochenschau.

Gesellschaft für Politikdidaktik und politische Jugend- und Erwachsenenbildung (GPJE) (2004[2]). *Anforderungen an Nationale Bildungsstandards für den Fachunterricht in der Politischen Bildung an Schulen. Ein Entwurf.* Schwalbach/Ts.: Wochenschau.

Greco, S. A./Lange, D. (2017). Mündigkeit in der Politischen Bildung. Zur Einleitung. In S. A. Greco/D. Lange (Hg.), *Emanzipation. Zum Konzept von Mündigkeit in der Politischen Bildung* (S. 9–13). Schwalbach/Ts.: Wochenschau.

Grössenberger, I./Pausch, M. (2018). Das Unbehagen mit der repräsentativen Demokratie. Demokratievertrauen und Reformwünsche in Österreich. *Momentum Quarterly*, 7(3), 124–135.

Gruber, O./Walter, F. (2013). Politische Inklusion und boundary problem: Aktuelle Herausforderungen und demokratietheoretische Antworten. In I. Atac/S. Rosenberger (Hg.), *Politik der Inklusion und Exklusion* (S. 71–87). Göttingen: V&R unipress.

Grubich, S. (2019). *Die Partei als Marke: Das visuelle Framing der Wahlplakate.* Abgerufen von https://politikmagazin.at/das-visuelle-framing-der-wahlplakate/

Hall, S. (2004[4]). *Ideologie, Kultur, Rassismus: Ausgewählte Schriften 1.* Hamburg: Argument.

Hayek, L. (2016). *Design politischer Parteien. Plakatwerbung in österreichischen Wahlkämpfen.* Wien: LIT.

Hellmuth, T. (2012). Professionalisierung ohne Strukturwandel? Eine Analyse zur Politischen Bildung in Österreich. In G. Diendorfer, G. Sandner/E. Turek (Hg.), *Populismus – Gleichheit – Differenz. Herausforderungen für die Politische Bildung* (S. 11–32). Schwalbach/Ts.: Wochenschau.

Henkenborg, P. (2012). Was heißt Professionalität in der Politischen Bildung? Ein europäischer Befund. In G. Diendorfer, T. Hellmuth/P. Hladschik (Hg.), *Politische Bildung als Beruf. Professionalisierung in Österreich* (S. 33–47). Schwalbach/Ts.: Wochenschau.

Hofmann, W. (2004). Die politische Kultur des Auges. Der pictoral turn als Aspekt des cultural turn in der Politikwissenschaft. In B. Schwelling (Hg.), *Politikwissenschaft als Kulturwissenschaft. Theorien, Methoden, Problemstellungen* (S. 309–334). Wiesbaden: VS Verlag für Sozialwissenschaften.

Holzkamp, K. (1995). *Lernen. Subjektwissenschaftliche Grundlegung.* Frankfurt/M.: Campus Verlag.

Hummer, R. (2019). Wählen als Thema der politischen Bildung Praxisorientierte Impulse aus der Politikwerkstatt „Demos". In S. Reitmair-Juárez/K. Stainer-Hämmerle (Hg.), *Demokratie und Wahlrecht als Themen der politischen Bildung* (S. 154–157). Frankfurt/M.: Wochenschau.

Hummer, R. (2021). Jenseits des Kontroversitätsgebots? Zum Umgang mit klimawandelskeptischen und -leugnenden Positionen in der schulischen Politischen Bildung in Österreich. In K. Stainer-Hämmerle (Hg.), *Glaube – Klima – Hoffnung. Religion und Klimawandel als Herausforderungen für die politische Bildung* (S. 60–72). Frankfurt/M.: Wochenschau.

Hummer, R./Mörwald, S. (2020). Wer soll politisch mitbestimmen dürfen? Teilhaberechte als Gegenstand politischen Lernens. *Informationen zur Politischen Bildung*, 46, 52–63.

Hummer, R., Mattle, E./Mörwald, S. (2022). Visuelle Politik als Gegenstand politischen Lernens. Grundlagen – Herausforderungen – Empfehlungen. In R. Hummer, E. Mattle/S. Mörwald (Hg.), *Politisches Lernen mit digitalen und analogen Bildmedien. Praxisvorschläge für einen zeitgemäßen Politikunterricht* (S. 7–21). Salzburg: Edition Tandem.

Jarren, O./Klinger, U. (2017). Öffentlichkeit und Medien im digitalen Zeitalter: zwischen Differenzierung und Neu-Institutionalisierung. In H. Gapski, M. Oberle/W. Staufer (Hg.), *Medienkompetenz. Herausforderungen für Politik, politische Bildung und Medienbildung* (S. 33–42). Bonn: Bundeszentrale für politische Bildung.

Jörke, D./Selk, V. (2017). *Theorien des Populismus zur Einführung.* Hamburg: Junius.

Kohout, A./Ullrich, W. (2021). Vorwort. In. A. Kohout/W. Ullrich (Hg.), *Digitale Bildkulturen. Bildproteste, Screenshots, Hassbilder, Netzfeminismus und Selfies* (S. 7–10). Bonn: Bundeszentrale für politische Bildung.

Krammer, R., Kühberger, C./Windischbauer, E. (2008): *Die durch politische Bildung zu erwerbenden Kompetenzen. Ein Kompetenz-Strukturmodell* (Langfassung). Wien: o.V. Abgerufen von https://www.bmbwf.gv.at/dam/jcr:a9bf28dd-dd87-440b-9b33-9ba2b39cb4dc/glv_kompetenzmodell_23415.pdf

Kühberger, C. (2008). Werben für eine Sache. Mit Printwerbung arbeiten. *Informationen zur Politischen Bildung*, 29, 46–50.

Kühberger, C. (2015[3]). *Kompetenzorientiertes historisches und politisches Lernen. Methodische und didaktische Annäherungen für Geschichte, Sozialkunde und Politische Bildung.* Innsbruck u. a.: Studienverlag.

Kühberger, C. (2016). Lernen mit Konzepten. Basiskonzepte in politischen und historischen Lernprozessen. *Informationen zur Politischen Bildung*, 38, 20–29.

Kühberger, C./Windischbauer E. (2013). *Individualisierung und Differenzierung im Politikunterricht. Offenes Lernen in Theorie und Praxis.* Schwalbach/Ts.: Wochenschau.

Lange, D. (2007). Politikbewusstsein und Politische Bildung. In D. Lange (Hg.), *Konzeptionen Politischer Bildung* (S. 205–213). Baltmannsweiler: Schneider.

Langguth, G. (2015). Von der Mauerinschrift zum modernen Werbemittel. Eine kleine Geschichte der Entwicklung des politischen Plakats. In H.-G. Pöttering (Hg.), *Politik in Plakaten. Plakatgeschichte der CDU aus acht Jahrzehnten* (S. 9–18). Bonn: Bouvier.

Liebhart, K. (2015). Visuelle Repräsentationen antipluralistischer Politik am Beispiel der Islam- und Muslimenfeindlichkeit. *Österreichische Zeitschrift für Politikwissenschaft*, 44(2), 97–103.

Maier, U., Bohl, T., Kleinknecht, M./Metz, K. (2013). Allgemeindidaktische Kategorien für die Analyse von Aufgaben. In M. Kleinknecht, T. Bohl, U. Maier/K. Metz (Hg.), *Lern- und Leistungsaufgaben im Unterricht. Fächerübergreifende Kriterien zur Auswahl und Analyse* (S. 9–45). Bad Heilbrunn: Klinkhardt.

Marquart, F. (2013). Rechtspopulismus im Wandel. Wahlplakate der FPÖ von 1978–2008. *Österreichische Zeitschrift für Politikwissenschaft*, 42(4), 353–371.

Massing, P. (2017). Konfliktfähigkeit – Eine zentrale Voraussetzung für politische Handlungskompetenz. In S. Frech/D. Richter (Hg.), *Der Beutelsbacher Konsens. Bedeutung, Wirkung, Kontroversen* (S. 146–161). Schwalbach/Ts.: Wochenschau.

Mattle, E./Mörwald, S. (2017): (Fast) alles ist erlaubt. Wahlwerbung und Wahlkampfspots im Unterricht. *Informationen zur Politischen Bildung*, 41, 62–69.

May, M. (2015). Kompetenzorientierte Unterrichtsplanung mit Anforderungssituationen und nach politikdidaktischen Prinzipien – eine Skizze. In S. Frech/D. Richter, (Hg.), *Politikunterricht professionell planen* (S. 50–68). Schwalbach/Ts.: Wochenschau.

May, M. (2016). Die unscharfen Grenzen des Kontroversitätsgebots und des Überwältigungsverbots. In B. Widmaier/P. Zorn (Hg.), *Brauchen wir den Beutelsbacher Konsens? Eine Debatte der politischen Bildung* (S. 233–241). Bonn: Bundeszentrale für politische Bildung.

Mosch, M. (2010). Plakat. In A. Besand, Anja/W. Sander (Hg.), *Handbuch Medien in der politischen Bildung* (S. 361–371). Schwalbach/Ts.: Wochenschau.

Oberle, M. (2016): Der Beutelsbacher Konsens: eine kritische Würdigung. In B. Widmaier/P. Zorn (Hg.), *Brauchen wir den Beutelsbacher Konsens? Eine Debatte der politischen Bildung* (S. 251–259). Bonn: Bundeszentrale für politische Bildung.

Petrik, A. (2010). Am Anfang war die Politik. Anregungen zur sinnstiftenden Verknüpfung von Demokratiepädagogik und kategorialer Politikdidaktik am Beispiel des Falls „Kastanie". In D. Lange/G. Himmelmann (Hg.), *Demokratiedidaktik. Impulse für die Politische Bildung* (S. 241–257). Wiesbaden: Springer VS.

Petrik, A. (2013[2]). *Von den Schwierigkeiten, ein politischer Mensch zu werden. Konzept und Praxis einer genetischen Politikdidaktik.* Opladen u. a.: Budrich.

Reinhardt, S. (2018[7]). *Politik-Didaktik. Handbuch für die Sekundarstufe I und II.* Berlin: Cornelsen.

Sander, W. (2009a). Basiskonzepte als Element von Sachkompetenz im österreichischen Kompetenzmodell. In H. Ammerer, R. Krammer/E. Windischbauer (Hg.), *Politische Bildung konkret. Beispiele für kompetenzorientierten Unterricht* (S. 13–14). Wien: Edition polis.

Sander, W. (2009b). Kompetenzen in der Politischen Bildung – eine Zwischenbilanz. *Österreichische Zeitschrift für Politikwissenschaft*, 38(3), 293–307.

Sander, W. (2013[4]). *Politik entdecken – Freiheit leben. Didaktische Grundlagen politischer Bildung.* Schwalbach/Ts.: Wochenschau.

Sander, W. (2014[4]). Kompetenzorientierung als Forschungs- und Konfliktfeld der Didaktik der Politischen Bildung. In W. Sander (Hg.). *Handbuch Politische Bildung* (S. 113–124). Schwalbach/Ts.: Wochenschau.

Sander, W. (2017). Von der Medienkompetenz zur Medienkritik? Plädoyer für eine Neuorientierung im Umgang mit digitalen Medien in der Politischen Bildung. In M. Gloe/T. Oeftering (Hg.), *Perspektiven auf Politikunterricht heute* (S. 129–148). Baden-Baden: Nomos.

Sarcinelli, U. (2011[3]). *Politische Kommunikation in Deutschland. Medien und Politikvermittlung im demokratischen System.* Wiesbaden: Springer VS.

Schiele, S. (2017). Populismus, Extremismus und der Beutelsbacher Konsens – Möglichkeiten und Grenzen Politischer Bildung. In G. Gertraud, G. Sandner/E. Turek (Hg.), *Populismus – Gleichheit – Differenz. Herausforderungen für die Politische Bildung* (S. 40–47). Schwalbach/Ts.: Wochenschau.

Schmitt-Beck, R. (2007). Paul F. Lazarsfeld/Bernard Berelson/Hazel Gaudet, The People's Choice. How the Voter Makes Up his Mind in a Presidential Campaign, New York/London 1944. In S. Kailitz (Hg.), *Schlüsselwerke der Politikwissenschaft* (S. 229–233). VS Verlag für Sozialwissenschaften. Wiesbaden: Springer VS.

Schreilechner, A. (2017). Meine Stimme ist umkämpft. Zur Bedeutung von Medien im Wahlkampf. *Informationen zur Politischen Bildung*, 41, 51–61.

Schüler, K. (2015). Das Plakat – Die Nummer eins der politischen Werbung. In H.-G. Pöttering (Hg.), *Politik in Plakaten. Plakatgeschichte der CDU aus acht Jahrzehnten* (S. 21–24). Bonn: Bouvier.

Seibt, M. (2010). Politische Werbematerialien. In A. Besand/W. Sander (Hg.), *Handbuch Medien in der Politischen Bildung* (S. 394–406). Schwalbach/Ts.: Wochenschau.

Tanzer, G. (2007). Der NichtwählerInnenwille. *Informationen zur Politischen Bildung*, 27, 77–82.

Wehling, H.-G. (1977). Konsens à la Beutelsbach? In S. Schiele/H. Schneider (Hg.), *Das Konsensproblem in der politischen Bildung* (S. 173–184). Stuttgart: Klett.

Windischbauer, E. (2009). Wahlwerbungen in Printmedien analysieren. In H. Ammerer, R. Krammer/E. Windischbauer (Hg.), *Politische Bildung Konkret. Beispiele für kompetenzorientierten Unterricht* (S. 46–48). Wien: Edition polis.

ABBILDUNGSVERZEICHNIS